GOOD DESIGN FILE

愛されつづけるデザインの秘密

高橋克典 著

彩蘭弥 絵

愛されつづける商品には、
愛されつづける理由がある。

はじめに

みなさんの目の前に、AとBの二つの製品があります。機能や品質はほとんど同じですが、値段はBよりAの方が3割も高いです。ところがAのデザインはとても魅力的で、一目で気に入ってしまいました。みなさんなら、どちらの製品を買いますか?

これは、本書を通して私がみなさんに問いかける質問です。数百円の製品から一千万円を超える製品にまで、通底している課題は全く同じ。買い手にとっては、AとB、どちらの答えがあっても不思議ではありません。

しかし、**もしあなたが製品やサービスを売る立場だったら、絶対に「3割高く売りたい」と思うはずです。それを叶えてくれるのが「デザイン」なのです。**

実際にデザインの力によって、同じ機能や品質の製品でも、3割どころか10倍、

20倍高くても売れることがあります。その上、長い期間に渡って売り続けることも可能です。

本書では、世界中にある優れたデザインの製品を紹介します。その多くが長い歴史を有しており、50年、１００年を超えて愛されている製品もあります。**こうした製品を持った企業がどれほど高い利益を長期間に渡って享受できているか**は、想像に難くありません。なにしろ開発費や製作コストを大幅に節約でき、市場における認知度は非常に高く維持できる上、派生商品も容易に開発できるのです。

今、日本経済は未曾有の環境変化に遭遇しています。その最たるものが、少子高齢化による労働人口の減少です。もちろん定年の延長や廃止、外国人の登用、またＩＴ化やＡＩ導入などで労働生産性アップに取り組んでいる企業も少なくありませんが、大多数の中小企業は、利益の低下に悩みを抱えています。これでは従業員の賃金も上がらないため、消費も伸びません。日本経済がデフレから本格的に脱却できずにいるのも、ここに原因があります。そんな厳しい状況下に「新型コロナウイルス」という、とてつもない災禍が日本経済に襲いかかってきました。今こそ消費者が「欲しい」と思う商品やサービスを提供していくことが、企業の生き残りにつながるのではないでしょうか。

　そもそも日本企業の時間あたりの労働生産性は、２０１９年時点でＯＥＣＤ（経済協力開発機構）加盟35カ国中21位と低く、主要先進7カ国の中ではデータを追える１９７０年以降、最下位を続けています。そこで本書では、**デザインの力によって一人当たりの労働生産性を飛躍的に上げる経営術**についてお伝えしていきます。製造業はもちろん、ＧＤＰの７割を占めるサービス業にも応用できます。経営に携わる多くの方に、参考にしていただけるはずです。

　冒頭のＡとＢの例のように、みなさんがデザインを気に入って、周りの製品より3割高い製品を購入したとします。最初は「少し高かったな」と感じても、飽きのこないデザインであれば簡単に買い換えることはなく、長期間に渡って使用するはずです。買い替え需要は減るものの、そもそも一製品あたりの利益率が大幅にアップしているので、経営的には問題ありません。これがデザインの力です。

限りある労働力を最大活用するために、また少ない予算で最大利益を上げるために、デザインの力を大いに活用してみませんか？小さな会社を経営している方や、個人でフリーランスとして活動している方もいらっしゃると思います。はじめにお断りしておきますが、デザインを活かした経営に向いているのは、大企業よりも、むしろ中堅以下の規模の会社です。

では、実際に超長期間に渡って売れ続けるデザインを編み出したり、経営に取り入れるためにはどうしたらいいのでしょうか。そこにはいくつかの法則がありますが、まずは「百聞は一見にしかず」です。世界的に大成功したデザインの秘密を解き明かしながら、これから50年、１００年と使い続けられる製品をつくり出すためのヒントを探っていきましょう。

SECTION 1

愛され つづける デザイン

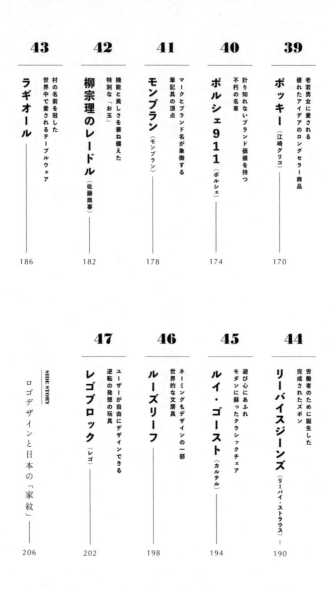

SECTION 2

デザインと経営

主要参考文献

・公益財団法人 日本生産性本部 ＷＥＢサイト「労働生産性の国際比較」
・ＷＥＢサイト「Stanford News」
・SHARP ＷＥＢサイト
「AQUOS HISTORY ～ AQUOS の歩みを紐解く歴史コンテンツ」
・GLASS FACTORY ＷＥＢサイト「BRAND HISTORY アラン・ミクリ」
・YAMAHA ＷＥＢサイト「バイオリン誕生ストーリー」
・ＷＥＢサイト「Fondation Le Corbusier」
・小田急電鉄ＷＥＢサイト
・京王電鉄ＷＥＢサイト
・エールフランス ＷＥＢサイト
・MoMA ＷＥＢサイト「The Collection」

・経済産業省 特許庁ＷＥＢサイト
・コクヨＷＥＢサイト
「KOKUYO DESIGN AWARD（コクヨデザインアワード）」
・総務省統計局ＷＥＢサイト
・ＷＥＢサイト「Le Cercle Guimard」
・J-Net21 ＷＥＢサイト
「「ポッキー」プレッツェル全体にチョコをかけなくてもいいのでは？」
・ＷＥＢサイト「SORI YANAGI Support Site（柳宗理サポートサイト）」
・農林水産省ＷＥＢサイト「地理的表示保護制度（GI）」
・虎屋ＷＥＢサイト「とらやの歴史」
・外務省ＷＥＢサイト「SDGsとは？」
・中小企業庁ＷＥＢサイト「中小企業白書」
・各社ＷＥＢサイト

SECTION 1

愛されつづけるデザイン

01

iPhone

**五感に訴えかける
「美しさ」を追求した
スマートフォンの代表**

iPhone

Maker
Apple

Release year
2007

Country of Origin
アメリカ

昨今、スマートフォンは私たちの生活に欠かせない存在となりました。普及率は70%を超え、20代では90%を超えると言われています。そんなスマートフォンの存在を世に知らしめたのが、２００７年に誕生したiPhoneでしょう。当時は携帯電話といえば、「フィーチャー・フォン」いわゆる「ガラケー」と呼ばれるものが主流でした。電話やメール以外にカメラなどの機能は備わっていましたが、あくまで電話機の延長という存在です。

iPhoneの開発者であるアップルのスティーブ・ジョブズ氏は、どこまでも「美しさ」を追求しました。その結果、キーボードを全て排除し、画面に指で触れて操作する形にたどり着いたのです。困難な道ではありましたが、彼はわずか3年で発売にこぎつけました。

さらにiPhoneは、本体の角の丸みや、手に持ったときの質感、パッケージにいたるまで、とことん美意識が行き届いています。機能面と違い、デザインは具体的な数値で測ることが難しいものです。しかし、スマートフォン全盛となり、もはや機能の良し悪しで差別化を行うことが難しい現代においても、今なおiPhoneが支持され続けている点には、デザインの力を感じざるを得ません。五感に訴えかけるデザインは、まさに「エモーショナルブランディング」のお手本と言えるでしょう。

経営者に必要な「美意識」

アップルの成功は、ひとえにスティーブ・ジョブズ氏の美意識によるものだと思います。以下は、２００５年にスタンフォード大学の学位授与式で彼が卒業生に贈った有名なスピーチの抜粋です。

「私が学んだリード大学は、おそらく国内最高のカリグラフィーの教育を提供していて、キャンパスの至る所に見られるポスターや戸棚一つ一つに貼られたラベルにも、手書きのカリフラフィーが施されていました。

セリフやサンセリフの書体、様々な文字の組み合わせに応じて文字間を調整して、美しいタイポグラフィーとは何たるか？を学びました。これらは人生の実践においてはあまり役に立ちそうもないものですが、マッキントッシュ・コンピューターを開発した時、その全てを取り入れました。おかげでMacは美しいフォント機能を備えた世界初のコンピューターになったのです」

本書は一貫してデザインの重要性を唱えていますが、ビジネス発展のためには、まずは創業者や経営者、あるいは責任のある立場にある人が「美意識」を持ち続けていただきたい、と強く願っています。

一見すると商売とは関係のないように

思える美意識ですが、オフィス環境から始まって、製品や包装の意匠、お店やレストランなどの内装。制服のある業種なら制服のデザインに至るまで、あらゆる場面に影響をもたらします。つまり、商品やブランドのイメージに直結するといっても過言ではないのです。

美意識とは、高い材料を使って、高級品をつくる、ということとは必ずしもイコールではありません。安価な素材であっても、清潔で、色の統一感があれば美しさを表現することはできます。

では、この美意識を養うためにはどうしたらよいのでしょうか？　それは美しいものをたくさん見る以外に方法はありません。たとえば自然の風景、建築や造形物、美術品、工芸品、身の回りの品々、自らの服装……。「神は細部に宿る」と言われていますが、それぞれに美しいと思うものを選び、それがなぜ美しいのかを考えます。そうすると自然に審美眼を養うことができるからです。

美しいデザインがあれば「小」が「大」に勝つこともできます。もしMacに美しいフォントが入っていなかったら、IBMに押しつぶされていたかもしれません。もしiPhoneにキーボードが付いていて、角が尖った長方形だったら、ブラックベリーやノキアに放逐されていたかもしれません。現在のアップルの成功は、まさに並々ならぬ美意識によるものと言えるでしょう。

02

AQUOS
First Machine

テレビを
「機械」から
「インテリアの一部」へ

AQUOS第1号機

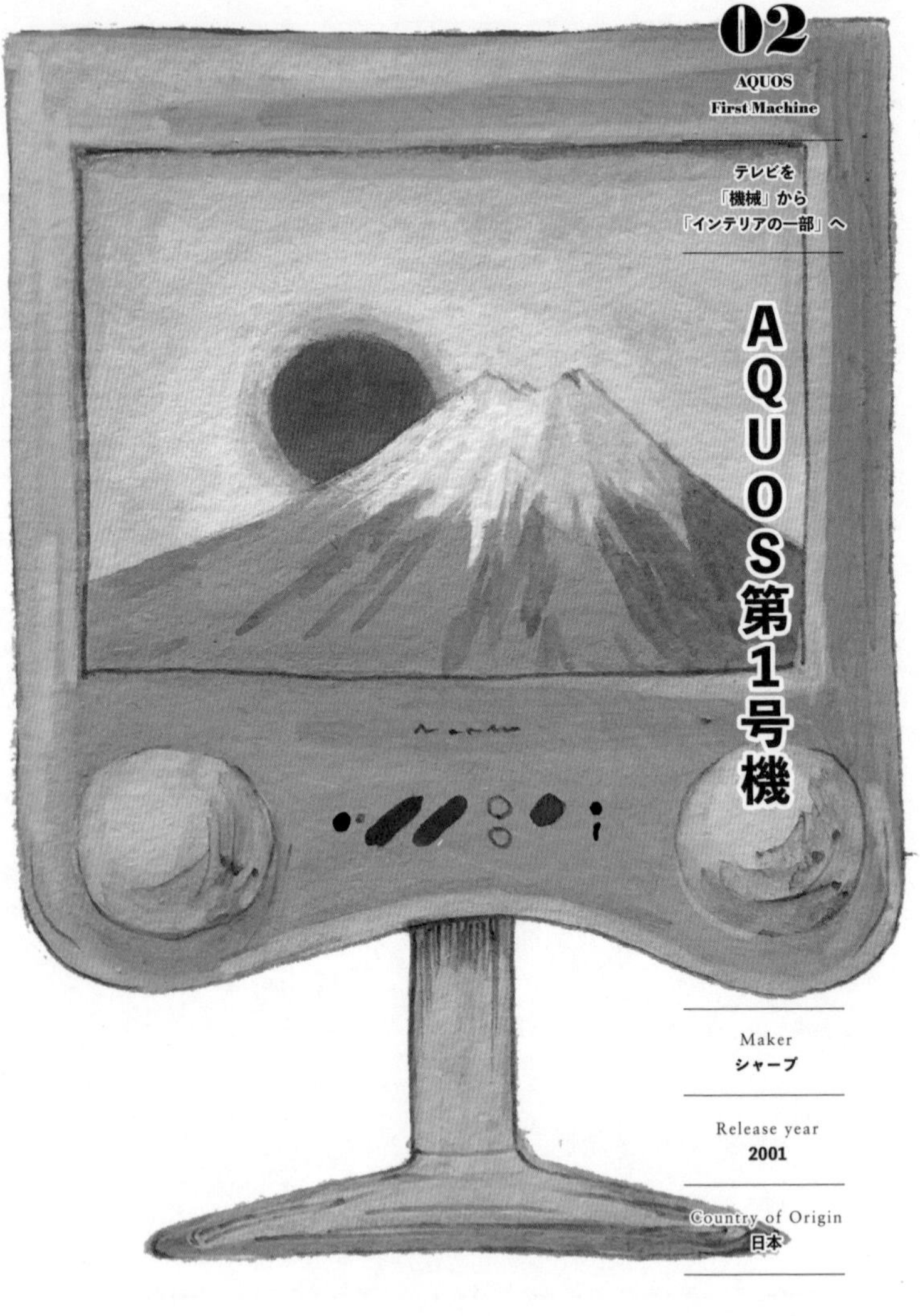

Maker
シャープ

Release year
2001

Country of Origin
日本

「ＡＱＵＯＳ第1号機（Ｃ1）」がシャープから発売されたのは、21世紀に突入した２００1年の元日。この日は家電業界にとってインパクトの残る日となりました。なぜなら、この商品は、テレビの存在価値を大きく変えたと言っても過言ではないからです。

今では当たり前のように多くの家庭で利用されている液晶テレビですが、当時はまだブラウン管が主流。テレビは単に映像を映すための「機械」という認識でした。

ところが本製品は、21世紀の「わが家のテレビ」のスローガンとともに、テレビを「インテリアの一部」として打ち出したのです。目玉のように飛び出した二つの丸いスピーカーや、一本足で全身を支えて立っている姿は、まるでＳＦに登場するロボットのよう。非常に愛らしく、所有欲をかき立てられる佇まいになっています。

機能と価格重視だった家電製品に、「インテリア性」という新たな需要を創出したのです。手がけたのは、世界的に知られるデザイナー、喜多俊之氏。日本のプロダクトデザインの重鎮と呼べる人物です。

機能や価格で勝負するのではなく、デザインに絞る。大胆な選択です。勝負するステージを変えたことで、ひょっとするとターゲットから外れてしまった消費者もいるかもしれません。しかし、それこそがブランディングへの近道と言えるのです。

「販売戦略」がデザインを活かす

「AQUOS第1号機（C1）」は製品におけるデザインと販売を考える上で示唆に富んでいます。

本製品が発売された2000年当時、薄型液晶テレビで、シャープは世界市場でダントツの73％を取っていました。パナソニック、日立、東芝、SONYなどのメーカーはずっと後塵を拝していたのです。ところがその後シャープは苦境に立たされてしまいます。

品質を担保するために、2004年に亀山工場を稼働させ国内一貫生産を推進していくのですが、時を同じくして、アジアの雄、サムスンやLGなどが低価格の液晶テレビを次々に放ち、猛烈に追い上げを図ります。品質では絶対の自信があったにも関わらず、シャープは毎年シェアを落とし続け、2005年には16・7％にまで低下。2006年にはサムスンに逆転され、2010年にはサムスンが17・9％に対し、シャープは7・4％と漸減の一途を辿ってしまいます。

せっかく「AQUOS第1号機（C1）」というデザインプロダクトを開発しながら、韓国勢の価格攻勢に遭遇し、2009年には亀山工場から生産をアウトソースするまでに追い込まれてしまったのです。

優れたデザインで高品質だったのに、高コストの意味を上手く消費者に伝えられず、小売価格に転嫁できなかったのはとても残念です。

その後、経営難に陥り、台湾の鴻海《ほんはい》から資金援助を受けることになったのは、記憶に新しいところです。

優れたデザインを擁した高品質な製品であれば、たとえ高額であっても次のような売り方が考えられます。

・百貨店で丁寧な接客の下で販売
・高級家具店で高級家具との併売
・高級品のディーラーとの協働
・プレミアムカード会員向け雑誌の特別販売

開発とデザインに投資をしたなら、それに相応しい販売環境のもと、相応しい売り方で、相応しいターゲット顧客に大切に販売してこそ、製品の価値が理解されます。販売方針の見極め次第で、機能的価値だけでなく、デザインという情緒的価値は十分に価格に反映できると思います。

たとえば「AQUOS第1号機（C1）」を手がけた喜多俊之氏とはどんなデザイナーなのか？　なぜ彼はこのデザインにたどり着いたのか？　この製品に込められたコンセプトはなんなのか？　この製品を家に置くと、どんないいことが起こるのか……？　消費者にデザイン哲学をしっかり伝えることは、製品開発と同じぐらい大切なのです。

03

Aviator

機能とデザインを
兼ね備えた
世界最高のサングラス

アビエイター

Maker
レイバン

Release year
1937

Country of Origin
アメリカ

サングラスといえばレイバン。１９３７年に一般市場に発売されて以来、今でも世界中で販売されている、超ロングセラーの逸品です。

　前身としてパイロット用のサングラスを開発していた同社は、設立直後からアメリカ空軍に採用されます。紫外線から目を守る技術や、視認性、耐久性といった、今では当たり前とされるスペックを兼ね備えたサングラスは、市場でも揺るぎない信頼を勝ち得ることに成功しました。

　同社の代表的モデルといえば「アビエイター」です。その特徴は、ヘルメットを被ったままでもサングラスの脱着ができるように、つるの部分がまっすぐになっている点。また、グラス部分は、目の動きをカバーするために丸く大きな形状です。まるで涙のように見えることから「ティアドロップ」の愛称でも親しまれています。

　アビエイターが日本で一躍有名になったのは、第二次世界大戦終結のとき、ダグラス・マッカーサーがこれを着用して日本の土を踏んだことでしょう。その後も数々の映画やドラマで有名俳優が着用し、大きく売上を伸ばしました。

　同ブランドは１９８６年にアメリカン・ファッション・デザイナー協議会から「世界最高のサングラス」の称号を与えられています。まさに機能とデザインの両面から、現在の地位を確立していったのです。

商品を引き立てる「名脇役」を考える

日本では3万円を超えるシャネルやディオールから、100円ショップに至るまで、あらゆる企業がサングラスを販売しています。サングラス市場はデザインでの差別化が難しく、新規参入も比較的容易なため、群雄割拠するブランドが熾烈な競争を展開しています。

ところで、なぜアメリカではサングラスをかけている人が多いのでしょうか。その理由は、瞳の色にあります。アメリカ人は、日本人に比べて瞳の色が薄い人の割合が高い傾向にあります。瞳の色が薄いほど目に入ってくる光の量が多くなり、紫外線によって目の病気になる確率が高くなるため、サングラスは必需品なのです。近年では、紫外線に対して比較的強い瞳を持っている東洋人でも、目の病気を防ぐためにサングラスが有効だという研究結果が発表され、日本でもサングラスが普及してきました。

そんな競争の激しい市場環境の中でも、自社商品をより多く売るためのいくつかのヒントをお伝えします。

まず機能に優れている製品であれば、その機能をお客さんに伝える方法を考えます。たとえばUVカットの値や透過率など、具体的な数字を示すと分かりやすいでしょう。

また、売り場環境のデザインにも注目してみてください。製品本体が一般的なものであっても、ディスプレーや製品のケースなどにデザインを施せば、十分にお客さんのアイキャッチになり、購入動機も高められます。

サングラスのケースを例にとってみます。通常、多くの消費者は「ケースはタダでついているもの」という認識を持っています。しかし、あえてケースを有償にして、素材を松・竹・梅と3種類のグレードに分け、さらにカラーを3色用意したら、ファッションに敏感なお客さんに刺さるのではないでしょうか。

また、サングラスのつるにつけるチェーンなど、周辺アイテムを揃えてコーディネートを提案するのも有効だと思います。さらにマフラーや帽子など、サングラスの近くで使うアイテムを一緒に提案すると、より着用している姿を想像しやすくなるだけでなく、売上単価の向上につながる可能性があります。

アイテム単体での差別化が難しくても、その主役を盛り上げる名脇役を配することで、全体としてのイメージがぐんとアップするのです。芝居でも、主役級が新人で経験が浅い場合、バイプレーヤーと呼ばれる経験豊富な脇役を起用して、舞台をキリッと引き締める演出があります。商品の販売も同じことです。さらに経験豊富な販売スタッフがいれば、鬼に金棒でしょう。

04

Alain Mikli Glasses

道具だった眼鏡を
ファッションに変えた
「眼のための宝石」

アランミクリの眼鏡

Maker
アランミクリ

Release year
1978

Country of Origin
フランス

眼鏡は本来、視力を補正し、物をよく見るためにある。これは大前提ですが、近年では、ファッションアイテムとしても活用されています。その先駆者が、アラン・ミクリというデザイナーです。

眼鏡づくりを専門に教える「フレネル眼鏡学院」に入学した若き日のアラン。彼はそれまでの眼鏡に対して「ほぼ盲目の人向けの人口装具ばかりだな」という印象を抱いていました。そして、「眼鏡がこんなつまらない道具に留まっていてはいけない」と、アイウェアの新時代を切り開くために23歳で会社を立ち上げます。目指すのは「眼のための宝石」をつくること。視力のためにデザインを犠牲してはならない、と決断をしました。

以来彼は、それまで世界のどこにもなかったアイウェアをデザインし続けています。たとえば、真っ赤や紫のリムやテンプル。左右で色や柄が違っていたり、よく見ると細かい幾何学模様がプリントされていたり、どれも楽しさ一杯のデザインです。

彼の強い志が、眼鏡の存在を「道具」から、服装やオケージョンに合わせて着替える「ファッションアイテム」に変えたのです。それまでの概念にとらわれてしまっていては、このような製品が生まれることはなかったでしょう。誰もが「仕方ない」と思っていることを覆そうとする意識こそが、新たな発想のきっかけとなるのです。

「価格競争」だけが生き残る道ではない

かつては貴重品だったものが、今では当たり前に手に入るようになったケースは多々あります。商品の価値が時代とともに変わっていくことは、珍しくありません。

眼鏡もその良い例です。近年、とても安価に眼鏡を購入することができるようになりました。駅前のチェーン店で数千円でつくることができるのは、眼鏡が高級品であった昭和世代からすれば驚くべきことでしょう。

眼鏡が安く買えるようになったのには、理由があります。それはレンズやフレームの加工技術が進歩を遂げ、機能や生産方法が現在の形に集約されたからです。このように、商品が特別なものから一般的なものに変わり、いわゆる「コモディティグッズ」になってしまうことがあります。すると、当然、新規参入者が次々に現れ、市場では「価格競争」が起こります。まさに「ブルーオーシャン」が「レッドオーシャン」に変色してしまうわけです。

商品が安く手に入るのは、消費者にとって嬉しい流れであることは確かです。しかし、市場で価格競争が続くと、メーカーや小売業者の利益が下がるばかりではなく、市場の売り上げそのものが減ることにもつながります。これは眼鏡に限った話ではありません。それまで高級品や貴重品とされていた製品が、技術革新によって、あるときからいくらでも代用可能な汎用品になってしまった例は枚挙に暇がないのです。

では、売り手として価格競争から抜け出し、もう一度高く買ってもらうためにはどのような手法が考えられるでしょうか。その一つが、デザインに強い個性を持たせ、他社製品との差別化を図ることです。

最近は中国で生産しても、人件費の高騰や円安によって製品コストが上がり、利益が出しづらい環境です。そもそも、価格競争には限界があります。

技術の進歩により、必要とされる機能はどの商品でも一様に兼ね備えているため、機能面で抜きん出ることも容易ではありません。そうなると、やはりデザインが大きな鍵を握っていることになります。エッジを効かせたデザインで、消費者の感性に訴えかけ「どうしてもこの商品が欲しい」と思わせるのです。この戦略なら、眠っていた需要を喚起するだけでなく、デザインを認知してもらうことによるブランドイメージの定着を図ることもできます。

市場の流れに呑まれ、価格競争に身を投じることばかりが生き残る術ではありません。時としてデザインは技術革新にも勝ることがあるのです。

05

**Anna G.
Corkscrew**

思わず愛着が湧く
世界一キュートな
ワインオープナー

アンナG

Maker
アレッシィ

Release year
1994

Country of Origin
イタリア

名前を知らなくても、一度目にしたら二度と忘れられないデザインがあります。ショートカットの髪型、微笑みかける表情、すらりと伸びた首に、Aラインのドレス。あざやかなカラーバリエーションは、着せるドレスを選んでいるような気分にさせてくれます。まるで少女のような佇まいの「アンナG」は、世界一キュートなワインオープナーといえるでしょう。

スクリュー部分をワインの栓に少しだけ入れ、顔の部分をぐるぐると回すと、アンナの両腕が上がっていきます。最後にその両腕を下げるとコルクがするすると抜けて、ワインにありつける、という逸品です。力を入れずに女性でも簡単にコルクを抜くことができるので、台所用品としても優秀なのですが、愛らしいデザインは台所のアクセントにもなります。

デザインしたのは、イタリアの有名デザイナーであるアレッサンドロ・メンディーニ。彼の恋人だったアンナをイメージしてデザインされた、と言われています。1994年に発表されたこの「アンナG」は、世界中でベストセラーとなりました。

今やワインオープナーは、100円ショップでも手に入れることのできる商品です。しかし、普段何気なく使っているアイテムこそ、長く使い続けたいと思えるようなデザインによって、新たな価値を見出せる可能性が眠っているのです。

デザイン次第で売り場が増える

同じ用途の商品でも、デザインによって全く異なる売り場に置かれることがあります。たとえば「アンナG」のような高級ワインオープナーは、コーヒーカップやマグカップ、銀食器などと並んで、ギフトや婚礼のお祝いに選ばれることが多いでしょう。

ところが「アンナG」はギフトだけではなく、つい自分用にも買いたくなってしまう商品でもあります。これがただのギフト商品にない強みなのです。普段なかなか自分用に買わない製品であっても、キャラクター性がある愛着の湧くデザインに触れると、思わず所有したくなってしまうもの。何かの記念に購入する人もいるはずです。これでマーケットの裾野はぐんと広がります。

もう一つ、魅力的なデザインを施すことで得られる大きなメリットがあります。それはその製品専用の売り場だけでなく、異業種の販売チャネルでも売れる可能性が出てくる、ということです。

ワインの栓抜きはありふれた製品ですが、「アンナG」の場合は百貨店やスーパーの台所用品や家庭用品売り場から飛び出して、インテリアショップやオシャレな生活雑貨店、アパレルのセレクトショップなどの店頭に置かれるようになりました。たとえ機能は同じでも、デザイン次第で全く別の環境で売ることができるようになるのです。すると同種の安い製品を相手にした、価格による勝負ではなくなるため、お客さんはデザインを気に入れば買ってくれます。

価格競争を繰り広げている量販店やホームセンターでは、基本的にお客さんは価格の安い製品に手が伸びてしまいます。しかし、売り場の環境を変え、同業他社と値段の比較をされなくなれば、これはまさにデザインの大きな強みです。同時に、ジャンルの異なる商品が並ぶ多様な売り場に置かれることによって、広告宣伝効果も期待できます。

デザインは、機能的価値に情緒的価値を加えてくれますが、アンナGほどになれば、情緒的価値の方が遥かに大きな比重を占めているでしょう。

魅力的なデザインは、積極的な発信も有効です。キャッチーな写真を撮影し、それをリーフレットに掲載したり、自社のWEBサイトやSNSにアップしましょう。その際、「何だろう？」と興味を惹くネーミングやキャッチコピーを打ち出すのがポイントです。

売り場を増やすことにも共通していますが、どんなに優れたデザインであっても、まずは存在を知ってもらうことができなければ始まりません。できるだけ多く消費者の目に触れるためにはどうすればよいかを考えてみましょう。

06

Violin

歴史上、突然
完璧に近い形で
誕生した楽器

ヴァイオリン

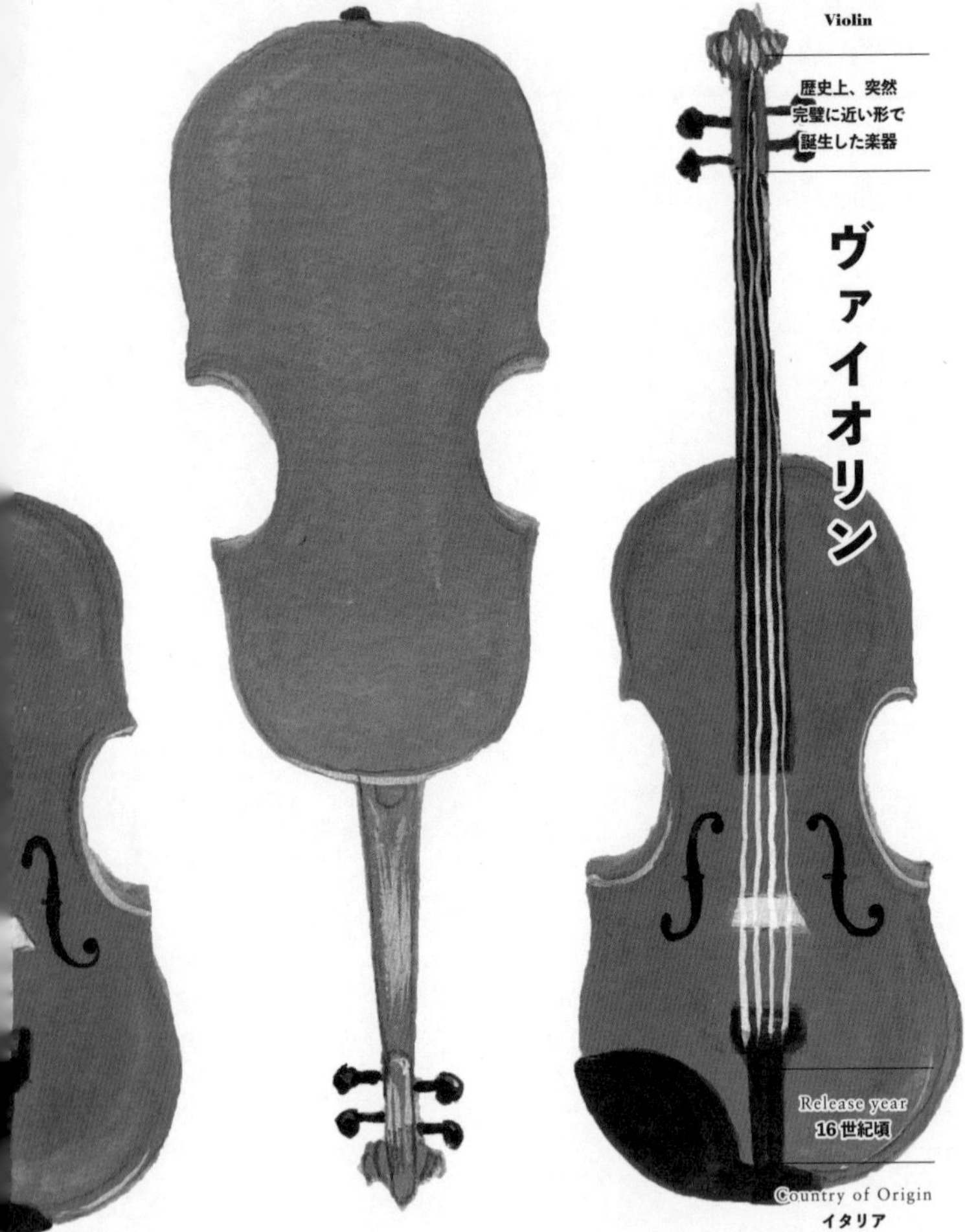

Release year
16世紀頃

Country of Origin
イタリア

一般的に、デザインに正解はないと言われています。しかし人が創り出したデザインで、限りなく完璧に近いと思われるものがあります。その一つがヴァイオリンです。現代までほぼ同じデザインを踏襲していますし、17~18世紀につくられたものでも、その音色に衰えは感じられません。

　ヴァイオリンのデザインを完成させたのは、イタリアのクレモナが生んだ御三家、アマティ、ストラディヴァリ、グアルネリです。彼らが制作したヴァイリオンの多くは数億円以上の価値があります。

　特にストラディヴァリのデザインは、各所に黄金比がちりばめられており、改良を試みた人は数知れずいても、現在までストラディヴァリウスを超える楽器をつくり得た人はいません。なぜ、これほど美しい音色を放ち、オーケストラに埋もれないほどの音量が出せるのでしょうか。理由は諸説あり、塗られているニスや、f字孔の下の穴の位置や形なども言われていますが、科学的には未だに証明されていません。

　ヴァイオリンは中世にオリエントでつくられた弦を弓で擦って音を出す楽器が祖先だと言われています。ただ、改良に改良を重ねて今のデザインにたどり着いたわけではなく、突然、完成形が出現したそうです。時に理屈では説明できない領域のものが生まれるからこそ、デザインは人類を感動させてやまないのかもしれません。

COLUMN

企業の未来を担う「職人」たち

日本では古来より、彫刻、書、陶芸、工芸、織物など様々な分野で高度な技術を有した優れた職人たちが、世界に誇る作品を数多く創り出してきました。彼らは「職人」と呼ばれることが多いですが、「芸術家」としての側面も持ち合わせています。

ヴァイオリン誕生の経緯についても同様です。イタリアのクレモナに移り住んだ職人たちが、音楽という「芸術」をこよなく愛し、音の良し悪しを聴き分ける「技」を磨き、卓越した「木工技術」を持っていたからこそ同地はヴァイオリンの聖地になったのです。全ての要素なしでは語れません。

これからの時代、優れたハンドメイド製品は利益を生みます。そのため、職人をサポートすることは、企業にとっても大きなプラスになるはずです。

最も有効なのは、自社で働く職人や職人の卵の、技術や感性をアップさせるような援助をすることです。たとえば様々な文化施設に行けるように取り計らったり、研修や公募展への参加を促したりする方法が考えられます。職人に対する投資は、製品やサービスに付加価値をつけることにつながるため、企業としても利益アップやブランディング効果が期待できます。

　私の知人で西洋料理の飲食店を3軒経営している社長は、3人のシェフを会社の経費で定期的にフランスやイタリア、スペインなどに派遣して、様々なレストランで食事をさせたり、美術館や博物館を訪問させたりしています。これこそが投資なのです。お陰で3人のシェフたちは、どんどん腕を上げ、創作料理を次々に編み出し、他のレストランとの差別化もできています。

　工業化の進んだ現代では、効率を求め、ついつい先端技術に目が向いてしまいがちです。国としても、プロの職人を養成する専門的な学校の拡充などに、多くの予算を割いているとは言えません。

しかし、時代とともに求められるものは変化しています。

　今、盆栽が一鉢数十万円から数千万円、中には1億円を超える金額で、海外に売れているのをご存知ですか？　器や塗物、染物、料理やお酒も然りです。大量生産ができず、ヴァーチャルでは味わえないものに、人々は高い価値を感じるのです。そして、その裏には、必ずといっていいほど「職人」の存在があります。そのため、民間企業こそが、職人の価値を再認識するべきなのです。職人たちへの投資が好循環を生み、彼らが多くの収入を得られるような仕組みが実現すれば、結果的に企業の成長にもつながるのではないでしょうか。

07

Valentine

真っ赤なボディーで
新たな需要を創出した
タイプライター

ヴァレンタイン

Maker
オリベッティー

Release year
1969

Country of Origin
イタリア

パソコンやスマートフォンの普及により、文字を手書きする機会は少なくなりました。そんな現代では想像もつかないかもしれませんが、いわゆる「ワープロ」と呼ばれる、ワードプロセッサーが登場するまで、紙に文字を印字するには、タイプライターという機械を使うしかありませんでした。活字を扱う仕事に携わっている人にとって、タイプライターがなければ全て手書きするしかなかったのです。

「タイプライターはタイプができる機能さえあればいい」そんな認識だった時代に、本体のデザインに着目したのがイタリアのオリベッティー社です。同社による1969年発売のポータブルタイプライター「ヴァレンタイン」は、真っ赤なボディーをまとったセクシーなデザインで一世を風靡しました。

手がけたのはエットーレ・ソットサスという伝説的なデザイナー。「デザインでオフィス用品に付加価値をつける」という切り口でイノベーションを起こしました。この斬新なデザインを皮切りに、同社はその後大きな発展を遂げます。

それまでデザイン性が求められなかった場所にも、需要が眠っている可能性は十分にあります。ぜひ、日常の様々な場面に着目してみてください。力強いデザインは、時に新たな価値を定義し、時代をリードする役割を担うこともあるのです。

国ごとに異なるデザインの歴史

国によってデザインの歩んできた道は大きく異なります。第二次世界大戦が終結し、敗戦国となった日本、ドイツ、イタリア。この三国は、ミリタリズム、ナチズム、ファシズムという戦前のレジームを記憶の中に重く背負ったまま復興に取り掛からなければなりませんでした。また、戦勝国に対する莫大な賠償金の支払いものしかかり、経済の復興には相当な時間がかかると考えられました。

日本は明治期から培っていた工業生産力が、経済を徐々に押し上げていきます。安い製品を大量に生産し、輸出立国として復興に向かったのです。その際、欧米各国からは、「デザインの模倣」「デザインの盗用」と揶揄されましたが、馬耳東風。飢えた国民を食べさせ、少しでも生活の質を向上させるためには、なりふり構ってはいられませんでした。

一方、オリジナルデザインを次々と考案して経済の振興に向かったのが、同じ敗戦国であったドイツとイタリアです。しかし、コンセプトはそれぞれ全く違っていました。

ドイツは、１９３３年にナチスによってわずか14年間で閉鎖されてしまった建築、デザインや美術を教える学校「バウハウス」の系譜が水面下で脈々と流れ続け、戦後もウルム造形大学などに受け継がれます。そこでは、機能美を追求した無駄のない工業デザインやプロダクトデザインが次々と生み出されていきました。それはポルシェからWMFの圧力鍋にいたるまで、現在もドイツ経済の屋台骨を支える太い幹となっています。機能美がベースにあるので、どちらかといえば直線的なデザインとダークな色調に特徴が見られます。

一方のイタリアは、ダ・ヴィンチやミケランジェロを生んだお国柄だけあり、デザインと芸術の境界線を曖昧にしました。伸びやかで、自由で、色っぽく、美しい曲線と、目を奪われるような赤やオレンジなどの、イタリアンパッションを感じるデザインで世界を魅了していきます。こちらもフェラーリからアレッシーにいたるまでイタリアを代表するブランドに結実していきます。

日本は1980年代後半頃から模倣の時代を卒業して、独自のデザインを模索し始め、欧米にはない日本的なデザインの世界を徐々に構築していきます。しかし大企業において生み出された多くのデザインは専ら「売るため」という経済合理性が優先され、社会や世界に影響を与えるような普遍性のあるデザインは、限定的だったと言わざるをえません。

もちろん、そんな中でも卓越した日本人デザイナーたちが活躍の舞台を世界に向けていったことは誇らしい限りです。

08

WALKMAN

どこでも好きなときに
音楽が聴ける
手のひらサイズの革命

ウォークマン®

Maker
ソニー

Release year
1979

Country of Origin
日本

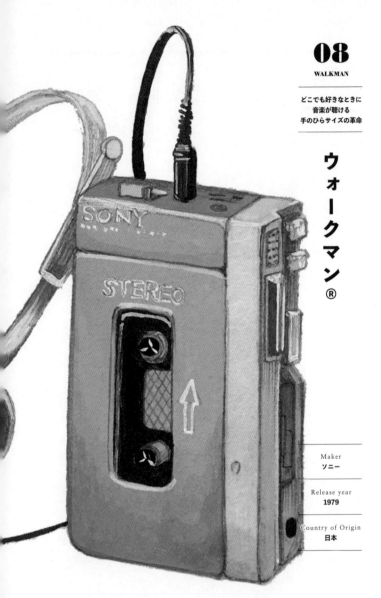

気軽に持ち運べて、好きな時に音楽を聴ける。今では当たり前となりましたが、ソニーが「ウォークマン」を発売した1979年当時は、極めて画期的でした。

それまでの音楽は、スピーカーとともにチューナーやカセットレコーダー、レコードプレーヤーなどを置いて部屋で楽しむもの。そのため、手のひらに乗るサイズの「ウォークマン」は革命的と言えたのです。

開発のきっかけは、ソニーの創業者であり、当時の名誉会長だった井深大氏の「良い音楽を移動中でも聴きたい」という願いでした。自分が使うためにつくって欲しいという、ある意味わがままな要求です。ところが、完成した試作品が非常に好評で、商品化されることになりました。商品化を推し進めた当時の会長、盛田昭夫氏は、スティーブ・ジョブズ氏にも大きな影響を与えたと言われています。「ウォークマン」こそ、iPodの生みの親と言っても過言ではありません。

発想が今までになく革新的だったことや、実現化するための技術力はもちろんですが、特筆すべきなのは、市場のニーズが顕在化していないのに、商品として売り出してしまったことです。見方によっては危険なこの賭けに、同社は見事に勝利しました。挑戦には常にリスクがつきものですが、時代の先を行くためには、自らの「勘」や「センス」を信じる場面も必要なのです。

COLUMN

デザインは「思想」から

「ウォークマン」がデビューし、iPhoneが登場して以来、私たちは革新的な製品を世に送り出すことが難しくなりました。なぜなら、それらがあまりに時代を先取りしていたからです。優れたテクノロジーについては言うまでもありませんが、ここではその裏側にあるデザインの思想について注目してみましょう。

名は体を表す、と言いますが「デザインは思想」を表していなければなりません。井深大氏の「どうしても移動中に音楽を聴きたい」という個人的な願いから始まった「ウォークマン」の開発は、いわば「会長のわがまま」という思想から生まれたのです。

「ウォークマン」は機能製品です。その外観は、簡単に言えば、小さな長方形の箱に操作ボタンが付いているだけ。デザインそのものに新規性や創造性があるとは言い難いかもしれません。

しかし思想は突き抜けていました。そのため、発売当初は消費者が追いついていけず、売れ行きは芳しくありませんでした。しかし一旦その思想が消費者に浸透し、納得してもらえれば、他の追随を許さない絶対的な存在になれます。形や色などのデザインはあくまで一つの手段に過ぎず、その商品開発のポリシーや企業哲学こそが大切なのです。

存在しないものを新たに生み出したり、今まで誰もやっていないことに挑戦してみるためには勇気が必要です。しかしそれこそが、時にイノベーションを生み出す原動力になります。

みなさんが、もし無茶だと思えるようなアイデアを思いついたら、しめたものだと思ってください。開発資金がなくても、今ではクラウドファンディングなどの方法で資金を集めることもできます。

ただし、ビジネスを行う上で、マーケティング戦略は無視できません。製品が出来上がったら、どこで、誰に、どれくらい売りたいのかを考えます。「世界はグローバル化した結果、均質化している」との見方もありますが、私は全く逆の方向に向かっていると感じています。人々は自分たちのアイデンティティー、つまりローカルの文化や思想に強く共鳴するようになってきたのです。

小さなビジネスの場合、過度な市場拡大を目指すのではなく、まずは狭い地域の文化圏にだけでも受け入れられるような、範囲を限定したマーケティング戦略が良いでしょう。そこから市場を拡大していくことはそう難しくありません。今の時代、ある特定の人に深く刺さることができれば、ＳＮＳなどを通じて瞬時に世界中に広まることも十分にあり得るからです。そのために、製品の魅力を裏付ける「思想」は欠かせません。

09

Unikko

子ども心を持った
大人のための
大胆な花柄デザイン

ウニッコ

Maker
マリメッコ

Release year
1964

Country of Origin
フィンランド

鮮やかでポップな花柄のパターンデザインを、一度は目にしたことがないでしょうか。この「ウニッコ」柄は１９６４年にデザイナーのマイヤ・イソラがデザインしたものです。その後、マリメッコ社によって製品化され、ファッションや生活雑貨など、あらゆる場面で親しまれています。

マリメッコ社はアルミ・ラティアが１９５１年に創業した生地メーカーです。当初、創業者のアルミ・ラティアは自社の生地に花柄を入れることに反対していたそうです。しかし、イソラは自分のデザインに自信がありました。

「一口に花柄と言ったって、子供っぽいもの。女性的なもの。色々とあります。私のこのデザインは、今まで世の中になかったものです」と実際にデザイン画をラティアに見せて食い下がり、ついに社長の首を縦に振らせたのです。イソラが描いた花柄は、抽象と具象を兼ね備えた斬新なモチーフで、人を幸せにするようなカラフルな着色が施されていました。

結果として「マリメッコといえばウニッコ」と言われるくらい世界的な成功を収めることになります。一度見たら忘れられないインパクト。一度手にしたら手放せない愛らしさ。選ぶ楽しさがあるカラーバリエーション……。大胆でありながら飽きのこない絶妙なデザインは、今でも世界中で愛されています。

ウニッコから学ぶ3つの教訓

ウニッコの世界的成功から、私たちが学ぶべき3つの教訓があります。

まず、新しいデザインを考える上で、決して既成概念にとらわれてはいけない、ということです。当初、マリメッコ社の社長、アルミ・ラティアが、自社の生地に花柄を施すことに反対していた理由として、「花は自然の中にあってこそ美しいのであって、装飾的なモチーフに使っても、その魅力は出せない。それではかえって会社のイメージを落としてしまいかねない」という懸念があったからだと伝えられています。しかしデザイナーのマイヤ・イソラは粘り強く社長を説き伏せ、結果として経営上大きな大きな貢献をすることになったのです。そしてウニッコは、「花柄は少女や若い女性のためのデザイン」という先入観を、見事に大人のデザインに変えてしまいました。また、家具や食器、洋服やアクセサリーなど、ジャンルにとらわれず様々な製品にぴったりと合わせることも実現したのです。

次にデザインの配置の秀逸さです。ウニッコは花柄がギュッと詰まっていて余白がないパターンもあれば、白い余白を活かしたゆったりとしたデザインもあります。いずれも不規則に並んでいて、手書き感が醸し出されている点が共通しています。これにより、飽きが来ず、シリーズでコレクションしたい、という願望につなげる効果があります。また、着物の花柄にも共通する部分があるので、日本人には馴染み深いかもしれません。

そして最後に、大きく差別化を計った画期的なデザインは、一度世間に受け入れられることに成功すれば、むしろ普遍性を生む可能性がある、という点も見逃してはいけないでしょう。世界には、民族、宗教などにまつわる素敵なパターンが数多く存在します。ウニッコはそのどれとも被らない大胆なデザインを提案しました。そして結果的に、ウニッコは発表以来55年を経た今でも、世界中で年齢や社会階層を問わずに愛され続けているのです。

マリメッコ社は、1960年のアメリカ大統領選挙で、ジョン・F・ケネディ大統領候補の妻、ジャクリーヌ・ケネディーが同社の洋服を購入し、雑誌の表紙に登場したことで、一躍その名が世界に知られました。

2012年には、ラティアの生誕100周年を記念して、フィンランド造幣局からマリメッコの10ユーロコインが発行される、という栄誉にも浴します。現在、マリメッコは世界約40カ国で販売されていますが、たった一つの花柄が、会社や国に果たした役割は計り知れません。

10

Air Multiplier

美しく安全
羽をなくした
画期的な扇風機

エアマルチプライアー

Maker
ダイソン

Release year
2009

Country of Origin
イギリス

必要不可欠と思われていた羽部分をなくしてしまった扇風機。それがダイソンの「エアマルチプライアー」です。

外からは見えませんが、実は円柱型の胴体の中に羽とモーターが隠されています。円柱部分には沢山の穴が開いていて、中の羽が回転すると、周囲の空気を巻き込みながら胴体の内部を通って、上部に付けられている丸いリングに送られます。リングの淵には1ミリメートルほどのスリット（隙間）が開いていて、そこから空気が勢いよく外に送り出される、という構造です。

羽を内部に入れたことで、本製品は美しいデザインを得ることができました。羽の回転によって、幼児の指などを傷つける心配もありません。さらに羽のクリーニングなどの手間が省けるようになりました。そして何と言っても、安定して風量を送り続けることができるようになったのです。

扇風機というコモディティー化した家電製品を、同社は高額なインテリアオブジェへと変身させました。この秀逸なデザインを皮切りに、同社はその後、空気清浄機や温風ヒーターなど、様々な派生商品を発売し、さらなる事業拡大を続けています。

これまで存在していたパーツを一切なくしてしまう。これは開発者にとって一種の冒険ではありますが、成功すれば消費者に大きなインパクトを与えることができる手段なのです。

商品の成功は「直感」で決まる

心理学の世界で「人間は直感を信じた方が上手くいく」と主張している人は少なくありません。かのスティーブ・ジョブズ氏も「抽象的思考や理論的分析より、直感的な理解や意識の方が重要だ」と述べています。消費者に自社の製品やサービスを選んでもらう時、最初の直感で強く興味を惹いてもらえたら成功は半分約束されたようなものでしょう。

「ＡＩＤＭＡ」という購買プロセスがあります。「製品の存在を知り（Attention）」→「それに興味を持ち（Interest）」→「それが欲しいと思うようになり（Desire）」→「それを記憶して（Memory）」→「購買行動にいたる（Action）」という流れを示しています。

また、ネット上での購買プロセスについては「ＡＩＳＡＳ」が用いられることもあります。これは3番目が「検索（Search）」、5番目が「共有（Share）」を表している点が「ＡＩＤＭＡ」と異なります。今日では、「購買行動（Action）」の前に「情報共有（Share）」が入るのが普通かもしれませんね。

いずれも数多存在する商品やサービスの中から存在を知ってもらい、興味を抱いてもらうことが入り口です。そこでデザインが果たす役割は計り知れません。

「説明しなければ良さが伝わらないないものは二流。本物は説明をしなくても良さがわかる」と言われますが、私なりに直感に訴えかけるデザインを定義すると、次のようになります。

まず、他製品のデザインと比べて驚くほどシンプルであること。工業製品なら、スイッチ類の数が10分の1だったり、店舗の内装なら、一色しか使っていなかったりといった例が考えられます。

次に、他製品と比べて驚くほど色や形が異なっていること。つまり質感の差で訴えかけるのです。触ってみたくなったり、鼻を近づけて匂いを嗅いでみたくなったりするデザインは、とても有効です。食品や化粧品と異なり、扇風機などの家電製品にとって、本来、匂いや触感は関係ありません。しかし、思わず触れてみたくなるほど好奇心をくすぐるデザインや、香り立つように感性を刺激するデザインであれば、強い印象を与えることができるはずです。

同様に、音響製品でないのに、それが動いているときの音を聞いてみたくなるような製品は、直感に訴えかけることができます。自動車が良い例ですが、静粛性だけを売りにするよりは、ある程度動的な感動を与える音があった方が、潜在顧客に好感を抱かれやすいのです。

「理由はわからないけれど惹かれてしまう」消費者にそう思わせることができれば、理想的だと言えるでしょう。

11

LC
Collection

建築と芸術を
両立させた
奇跡の作品

LCコレクション

Maker
カッシーナ

Release year
1964

Country of Origin
イタリア

かつて、これほど装飾のないデザインで、これほど存在感を放った椅子はありませんでした。手がけたのは、建築家であり、芸術家でもあるル・コルビュジエ。近代建築の生みの親とも言われています。この椅子は、彼の特徴でもあるコンクリートで作られた直線的でシンプルな建築物にも、ピッタリと合うデザインです。

　彼は、アールヌーボーやアールデコと呼ばれる時代を経て、近代モダニズムという新しいデザインの潮流を作り上げた、まさに先駆者の一人です。スイス・フランの紙幣に肖像が描かれるほど、建築史上に大きな功績を残した人物とされています。

　それまでの椅子は大抵クッションが二枚重ねになっていたのですが、このLCコレクション、実はクッションが一枚だけです。そうすることで軽くなり、部屋の模様替えや掃除の際に移動が飛躍的に楽になりました。新しいライフスタイルに相応しいデザイン哲学といえます。

　LCコレクションの内、LC2「グランドコンフォート（大いなる快適）」はMoMA（ニューヨーク近代美術館）に所蔵されており、マスターピースの一つであることは間違いありません。そして、それほどの歴史的価値がありながら、今もなお堂々と販売され続けているのは、建築と芸術を両立させた奇跡の作品だったからと言えるでしょう。

長く生きる残る デザインの「理念」

デザインを制作するとき、みなさんは何から考え始めますか？ 色や形、フォントや素材……。様々な要素が考えられますね。しかし、長く生き残ることができる普遍的なデザインに一貫しているのは、そこに必ず「理念」があるということです。ル・コルビュジエのデザインも例外ではありません。

フランク・ロイドライト、ミース・ファン・デルローエとならび「近代建築の三大巨匠」に数えられるル・コルビュジエですが、出発点は意外にも画家でした。

実際、彼はたくさんの油絵を残しています。そして、彼の生み出すデザインには、画家時代に培った精神が大きく反映されています。その一つが、理念や理論による裏付けがあること。

紙や画面上でいきなり形や設計図を描き始めるのではなく、これからつくる作品や製品はどのような意味を持ち、人に何を与え、どのような空間に置かれるべきなのか、という理念や理論を構築してから制作していくのです。

目まぐるしく変化する現代において も、10年、20年どころか、１００年間使われるデザインを生み出すことは不可能ではありません。ただしそのためには、そのデザインが果たすべき役割を明確にして、理念の上になされることが不可欠です。時流や流行、まして他者の制作物の模倣ではいけません。ル・コルビュジエは決して見た目だけではなく、むしろ機能性こそを追求していたと言われています。彼は「椅子は座るための機械である」と論じましたが、それは機能だけを有した「モノ」ではなく、建築物の中で完全に調和を保ちながら、椅子としては最高の座り心地も提供しなければならない、という意味ではないでしょうか。現に、彼はこの椅子に「グランドコンフォート（大いなる快適）」という名前を与えています。まさに情緒と機能の調和です。

さて、秀逸なデザインの宿命でもあるのですが、LCシリーズは世界中で模造品が製造販売されています。デザイン権（意匠権あるいは著作権）の正統な継承者からすると、黙って見過ごすことができない由々しき問題です。

しかしフランスやイタリアを除き、アメリカや日本では、意匠権は芸術作品における著作権と見なされないない限り25年で消滅し、それ以降は広く誰でも使えるようになりますから、法律で長期間に渡ってデザインを保護することは極めて難しいのです。

そんなとき、本家と模倣品との明暗を分ける大きな鍵になるものこそが、デザインの背景に込められた理念ではないでしょうか。

12

Odakyu Romancecar

制約の中で生まれた
気配りのデザインで
旅へ誘なう特急列車

小田急ロマンスカー

Maker
小田急電鉄

Release year
1991

Country of Origin
日本

関東の鉄道旅行の手段として、人々に愛され続けている「ロマンスカー」。旅情をかき立てるネーミングも、特徴の一つです。「ロマンスカー」という呼称は戦前から使われていたものですが、1991年に小田急電鉄が商標登録し、車両デザインも数々の変遷をたどっています。

ロマンスカーは、様々な制約の中でデザインしなければなりませんでした。新幹線のように専用の標準軌ではなく、在来線とシェアしながら狭軌の上を走るため、当然車両は小さくなります。それでもお客さんに最大限くつろいでもらうにはどうしたらよいか。運賃を新幹線よりずっと低く抑えつつ、利益を出すためにはどうしたらよいか。デザイナーの苦労は並大抵のものではなかったはずです。

このような制約の中で、過去4回デザイン・設計を担当した建築家、岡部憲明氏は様々な工夫を凝らしました。外装は乗客に期待を抱かせる赤を基調とし、丸みを帯びたボディーは洗練された印象を与えます。広々とした眺望を楽しめる窓の設計はもちろん、先頭車両にはロマンスカーの伝統だった展望席を設けました。さらに、乗客がゆったりと過ごせるよう、座席の背もたれを薄くし前後の足のスペースを確保。

こうしたマクロからミクロに渡る細やかな工夫は、制約があったからこそ生まれた「気配り」なのかもしれません。

ロマンスカーに学ぶ巧みなイメージ戦略

小田急電鉄と京王電鉄はほぼ平行して走っており、古くからライバル関係にあると言われています。そんな両社の経営方針を比較してみましょう。

小田急電鉄は東北沢駅から和泉多摩川駅までの区間を高架化し、複々線への工事を着工から30年経過した2018年3月に終えました。これにより輸送力のアップを実現。さらに同区間から踏切が消えたことは、沿線住民に多大な恩恵をもたらしています。当然沿線の不動産価値も上がります。

一方の京王電鉄は、小田急電鉄に比べると、経費を抑えた手堅い経営に定評があります。それは数字に表れており、2018年のデータでは、売上に対する販売管理費比率は小田急電鉄が16・2%に対して、京王電鉄は11・2%しかありません。売上高は小田急が5200億円で、京王電鉄は4200億円。しかし前述のように高い投資を継続しているにもかかわらず小田急電鉄は260億円の純利益を上げています。投資を徹底して抑制している京王電鉄の210億円という数字を上回っています。つまり、そもそも小田急電鉄は稼ぐ力が強いのです。

また、電鉄業界には、数値には現れないもう一つの企業価値があります。それはイメージです。

「あの沿線に住みたい！」「この沿線に住んでいてよかった！」と通勤で使う人に思ってもらえるか。これは時価総額に大きく影響します。時価総額が上がれば、当然のことながら投資が可能になりますから、企業の成長は好循環で回る、というわけです。

電鉄会社にとって、車両そのもののデザインは、走る広告塔といっても過言ではありません。テレビや新聞、ポスターやデジタルに広告費をつぎ込むより、直接的な認知度と高感度アップにつながります。その意味で、小田急電鉄が今から85年も前に「ロマンスカー」という呼称に目をつけ、それを現在まで守ってきたことは慧眼といえますね。

もちろん小田急電鉄には江ノ島や箱根、という魅力的な観光地に直結している、という利点がありますが、そのような利点を最大化するために、魅力的な車両をデザインし、顧客にアピールし続けていることは、ブランド力アップに投資をしてきたことの証明です。

電鉄会社ですから、乗客を安全に、時間通り運ぶことが大原則であることは言うまでもありません。しかし、その上で長期的な成長を考えると、ブランディングは欠かすことのできない施策です。今や誰もが知る「ロマンスカー」は、まさにそんなブランディングの象徴と言えるでしょう。

13

Wall Mounted CD Player

「無印良品ぐらいでちょうどいい」引き算のデザイン

壁掛け式CDプレーヤー

Maker
良品計画

Release year
2000

Country of Origin
日本

まるで換気扇のように壁に設置する、一風変わったCDプレーヤーは、無印良品によるもの。使い方は至って簡単、紐を引くだけで音楽が流れます。手がけたのは、デザイナーの深澤直人氏。「毎日同じ曲を聴いたっていいじゃないか」「音楽が空気のようにそよいできたっていいじゃないか」そんなポリシーが込められています。

　機能やデザインを足していくのではなく、どんどん引いていって最後に残った必要最小限の部分だけを製品とする。この製品は、まさに無印良品のコンセプトを反映したアイコン的存在といえます。機能やデザインを追求する多くの家電・音響メーカーとは真逆の考え方です。

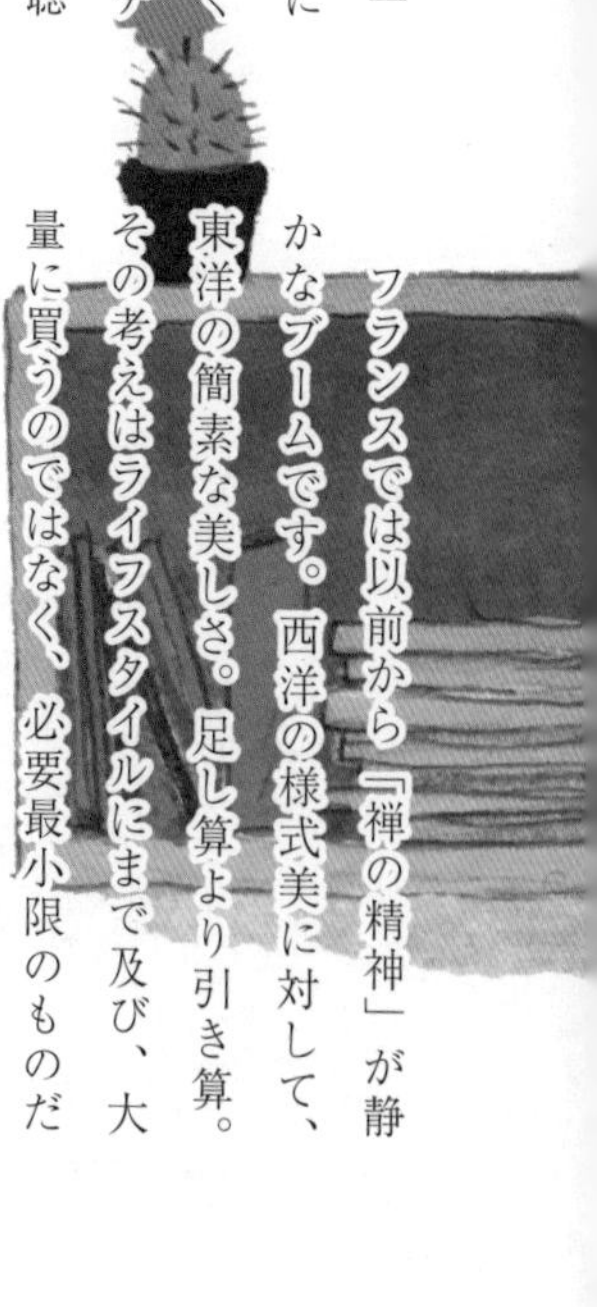

フランスでは以前から『禅の精神』が静かなブームです。西洋の様式美に対して、東洋の簡素な美しさ。足し算より引き算。その考えはライフスタイルにまで及び、大量に買うのではなく、必要最小限のものだけを買うミニマリズムに発展しました。

　無印良品は「『これがいい』ではなく『これでいい』」のコピーを掲げています。どうしてもこのブランドでなければ、というこだわりを捨てて「無印良品ぐらいでちょうどいい」というスタンスなのです。「個性」や「差別化」という言葉にとらわれすぎるのではなく、時には肩の力を抜いてみることで、世の中が求めているものが見えてくるかもしれません。

大切なのは企業ポリシー

フランスの哲学者ジャン・ボードリヤール氏の書著『消費社会の神話と構造』をご存知でしょうか。1970年にフランスで出版された同書で、彼は次のような理論を展開しています。

「大量消費社会においては、モノの価値とは、モノそのものの使用価値や生産に利用された労働対価にだけあるのではなく、むしろ商品に与えられた記号（コード）にこそある。ブランド品が高額であるのは、必ずしもその商品の生産コストが高かったり、他の商品に比べて特別な機能が備わっているとも限らず、むしろその商品が持っている特別なコードによるところが大きい。そのコードこそが、他の商品と差別化をしている」

これを読んだ当時のセゾングループ代表・堤清二氏は「近い将来、ブランド名がつくだけで値段が上がる商品から消費者が離れていくかもしれない」と考えた、と言われています。

そこでアンチブランドをポリシーとして、田中一光氏発案の〝non brand goods〟を直訳した「無印良品」が西友のプライベートブランドとして発足したのです。「わけあって、安い。」は初期の無印良品を的確に表した小池一子氏作のコピーライトです。1989年には「良品計画」として西友の100%子会社として独立します。

他のスーパーマーケット企業も次々に〝non brand goods〟と同様の自社ブランドを立ち上げて追随しようと試みていますが、無印良品との差は歴然です。この差は一体何によるものなのでしょうか。私はデザイナーが経営に大きな影響力を持っていることだと考えています。

無印良品には、世界的なクリエーターやデザイナーが参加しています。それは単にデザインを委嘱、という従来のやり方ではありません。錚々たる面々をアドバイザリーボードメンバーに加えて、無印良品を取り巻く様々な課題について提言を求めたり、商品開発を始めとする事業活動に参画したりしてもらっているのです。デザイナーには、単にデザインを提供するだけではなく、より経営に近い目線に立ってもらうことができます。

良品計画が世界で成功しているのは、経営は経営を勉強したプロ。デザインはデザイナーにお任せ。ではなく「デザイナーこそ企業を発展に導く」というスタンスからではないでしょうか。なぜなら〝non brand goods〟における最も重要な要素がデザインに他ならないからです。

一つの成功例に倣おうとするとき、どうしても商品のデザインやコンセプトに目がいきがちです。しかし、本当に目を向けるべきは、その本質にある企業ポリシーなのかもしれません。

14

Kelly & Birkin

裏側のドラマを
体現したネーミング
婦人用バッグの最高峰

ケリー&バーキン

Maker
エルメス

Release year
1935（ケリー）
1983（バーキン）

Country of Origin
フランス

世界的ファッションブランド、エルメスを代表する製品が「ケリー&バーキン」です。いずれも実在の人物の名を冠していますが、どちらのモデルも、誕生にまつわる面白いエピソードがあります。

まずは、ケリーについて。馬具を製造していたエルメス社は、サドルバッグを婦人用にアレンジした「サック・ア・クロア」というケリーバッグの原型モデルを1935年から製造していました。その後、モナコ公妃のグレース・ケリー氏が、パパラッチに妊娠を悟られないためにお腹を隠す際、このバッグを使用したことをきっかけに、商品名を変えたのです。

一方のバーキンは、1983年、第5代社長のジャン＝ルイ・デュマ氏が、航空機の機内でたまたまイギリス出身の女優であり歌手のジェーン・バーキンさんと隣合わせになり、「私が貴女に理想のバッグをつくってあげましょう」と申し出たことで誕生したといわれています。

たっぷりとした容量や、底が平らで安定感があり丈夫なつくり。かぶせを開いてもエレガントさを失わないデザイン。こだわりのサドルステッチは、エルメス以外の何者でもないことを表現しています。品質はもちろん第一級ですが、この二つのモデルは、商品の裏側にあるドラマと、それを体現したネーミングこそ何よりのブランディングとなることを物語っています。

ブランド価値を保つ商品の「希少性」

ケリーとバーキンという二つのマスターピースから、私たちは何を学ぶことができるでしょうか。経営の視点から考えてみることにしましょう。

エルメス社はれっきとした上場企業です。ですから株主のために、経営者は毎年増収増益を達成しなければなりません。イメージを最高度に保つだけではなく、減収減益は許されないのです。因みに2018年度は売上55億ユーロ（約6600億円）に対して19億ユーロ（約2300億円）の営業利益、率にして35%を上げる超優良企業です。

厳しい数値目標を毎年達成できている主たる要因は「デザインを変えないこと」です。これにより高い利益率を保つことができます。シーズン毎にコロコロとデザインを変更すれば、デザイン費や開発費が嵩んでしまいます。

さらに顧客の間では、短い期間での購入動機は喚起できても、高額品を買うモチベーションにはなりません。普遍性のある「一生モノ」だからこそ、高いお金を払ってくれるのです。

しかし同時に商品の新鮮味を維持することも大切。そこでデザインは同じでも、毎年新しい素材や色を提案します。こうすれば既にケリーやバーキンを持っているお客さんにも、もう一つ購入してもらえるチャンスが生まれます。これは値段が高い製品を製造販売するビジネスの教科書になると思います。

もう一つは在庫を極限まで減らすことです。在庫は企業の貸借対照表の左側の「流動資産」に記されて資産になる一方、資金繰り表においては、注意が必要です。顧客が購入してくれるかどうか分からないのに、先に商品をつくって在庫しておけば、資金繰りが悪化するのは自明です。

そこでケリーにしろ、バーキンにしろ、エルメスのお店ではほとんど在庫を置かず、顧客から予約を取ってから製造を始めます。この方法は、カッシーナやポルシェを始め、欧州の高級品メーカーでは一般的です。

エルメスの場合、商品によっては数週間で希望の商品が入荷することもあれば、1年以上待たされることもあります。これは全て熟練の職人が手仕事で一点一点製作しているためです。このように、手に入れるのに困難が伴うため、中古市場では新品より値段が高い、という現象も起きています。

高級な製品を製造しているメーカーは、お客さんを待たせることを躊躇しません。日用品なら、いつでもどこでも手に入るべきですが、希少性を維持することは、むしろブランドイメージを高揚させることにもつながるのです。

15

Coca-Cola

誰もが知る
オリジナルボトルの
圧倒的なブランド力

コカ・コーラ

Maker
ザ コカ・コーラ
カンパニー

Release year
1886

Country of Origin
アメリカ

1886年にアトランタの薬剤師であったジョン・S・ペンバートン博士によってコカ・コーラは発明されました。その後、レシピを買い取ったエイサ・G・キャンドラー氏によって、「ザ・コカ・コーラカンパニー」が1892年に設立。ボトル詰めの販売権をより多くの会社に付与するフランチャイズ方式で流通網を飛躍的に拡大させていきます。

全米のあらゆる州で飲まれる国民的飲料となったコカ・コーラですが、人気が高まれば、必ずといっていいほど模造品が出回るものです。そんな模造品対策として、1915年にコカ・コーラ社はオリジナルボトルの開発に着手します。

このとき、ガラス会社に出した条件は「暗闇で触れても、地面に砕け散っていても『コカ・コーラ』だと分かるような特徴的なボトル」だったと言われています。そして翌年、ルート・グラス・カンパニーによって、現在でもお馴染みの「コンツアーボトル」が誕生しました。膨らみのある独特のフォルムは、カカオ豆に着想を得たと言われています。

その後、コンツアーボトルは車やファッションをはじめとする、多くのデザインに多大なる影響を与え、現在では「コカ・コーラといえば、あの特徴的なくびれ」と多くの人が認知するまでの圧倒的ブランド力を発揮しています。

消費者は「見た目」で認識する

コカ・コーラには独特な味と香りがあり「一度飲むと習慣性がある」とまで言われています。そんなコカ・コーラが、実は国によって味を変えていることをご存知でしょうか。確かにアメリカ本国で初めて飲んだコークは日本のそれとは全然違っていましたし、同様にフランスで飲んだときも、その違いに驚いたものです。それぞれの国や民族によって「美味しい」と感じる味覚が違うので、レシピを国に合わせて変えています。アトランタ本社にある「コカ・コーラ博物館」では、世界各国のコカ・コーラの味の比較ができるそうです。真似のできないボトルデザインは「ブランディング」、ターゲットに合わせた味は「マーケティング」と言えるでしょう。

さてコカ・コーラの場合、ボトルデザインの他にロゴデザインも秀逸です。同社のロゴは時代時代によって変遷がありますが、2つのCに特徴があり、さらに〝Coca〟と〝Cola〟という左右の文字数が同じで、近いフォルムの文字を連続させることで、視認性を極限まで高めています。一目でコカ・コーラだと認識してもらえるということは、当然、市場で競争優位になります。これも同社の強味の一つなのです。

ペンバートン博士が新しい清涼飲料水を発明したとき、商品名を考案し、ロゴをデザインしたのが、なんと経理を担当していたフランク・M・ロビンソンだった、という点も興味深いエピソードです。経理担当者ならではの、論理的に考え抜かれた発想だなあ、と感心するのは私だけでしょうか。

人生の中で、ただの一度もコカ・コーラを口にしたことがない人はごく僅かではないかと思います。コカ・コーラのロゴやボトルデザインを覚えていない人も、そう多くはないでしょう。発表されている業績を見ると、コカ・コーラの2016年末の純利益はおよそ65億ドルとなっていますが、ブランド価値はその10倍を遥かに超えるのではないか、と言われています。商品の販売から得られる利益より、そのブランド価値が強大な企業と言えるでしょう。

製造業に従事している方は、どうかパッケージングやロゴといった外装に、とことんこだわってください。ものづくりにおいて中身にこだわるのは当然のことですが、成功の鍵は、外見こそが握っているケースも多いのです。

様々なブランドが群雄割拠する、レッドオーシャンで生き残るには、コンビニやスーパーの店頭に並び、ゼロコンマ何秒かで消費者にブランドを識別してもらうことで雌雄を決します。市場浸透度は「見た目」で決まるのです。

16

Concorde

「空を飛びたい」
人類の夢を叶えた
天空に舞う白鷺

コンコルド

Maker
**BAC、
アエロスパシアル**

Release year
1969

Country of Origin
イギリス、フランス

１９６９年に音速の壁を突破し、１９７６年からはマッハ２・２の速度で商業定期運行を始めた旅客機があったことをご存知でしょうか。その名は『コンコルド』。ボーイング７８７型機で現在およそ７時間半を要するパリとニューヨーク間を、２時間59分というとてつもない速さで飛んでいたのです。

　技術面はもちろん、機体のデザインもそれまでのジェット機とは全く違っていました。プロジェクトの初期、コンコルドは超音速で飛ぶために細長くデザインされていました。ところが、これでは長いノーズ（先端）が離着陸時にパイロットの視界を遮ってしまいます。その問題を解決するために、離着陸は機首が下方に折れ曲がるように設計し直されたのです。これはまるで大白鷺が着水する時に、細長い首を曲げる姿にそっくりではないでしょうか。そして一旦上昇し始めると、天空を滑空しているような優美さが戻ります。まるで人類が太古の昔から描いていた「鳥のように空を飛びたい」という夢を形にしたように感じられます。

　コンコルドは環境問題と事故に直面し、残念ながら２００３年10月に運行を終了しました。現在ではパリのシャルルドゴール空港から高速道路に入るところにコンコルドのレプリカが飾られていて、往時の雄姿を想像すると心が躍ります。

COLUMN

使う色を絞ってトータルデザイン

デザインにおいて、使う色の選択は非常に重要です。使う色によって顧客が受ける印象は大きく変わりますし、上手く使えば色だけでブランディングを成し遂げることも不可能ではありません。その好例がエールフランスです。

私は10年近くパリに住んでいたので、エールフランスの常連ですが、実は様々な理由で運行が遅れます。また、エールフランスに乗った経験がある方なら感じたことがあるかもしれませんが、残念ながら機内サービスや満足度ランキングで上位にランクインされていないのも、頷けてしまいます。

しかし、もし航空会社のトータルデザインコンテストがあったら、エールフランスはチャンピオンになれるのではないかと思います。まさにフランス流のエレガントな佇まいの右に出る者はいないでしょう。

ご存知の通り、フランスの国旗は青、白、赤を表す三色で構成された、通称「トリコロール」です。この3色だけでも、十分にデザインは成立します。

エールフランスのベースカラーは青。落ち着いた青に情熱的な赤をアクセントカラーとして巧妙に使って、ラウンジのカーペットやテーブルナプキン、シートや背もたれ、ピローやブランケットなどを、お洒落に演出しています。

キャビンアテンデントの制服は濃紺ですが、ベルトのみを真っ赤にして、非常にキャッチーな印象を与えます。そして圧巻は、そのヴィジュアルです。レトロ調のファッションやメイクアップを施した美しくも妖艶な女性たちは、メディアでも人気を博しています。機内の安全設備の説明ビデオも、まるでミュージカルのよう。日本の航空会社のような清潔で若々しいイメージとはまた違った、魅惑の色気を演出しています。

デザインの力は、一点一点のデザインというより、全体をシンプルに構成する力です。特に色の統一感は、何より力を生みます。トリコロールで行こう、と決めたら、どこまでもトリコロールだけで行くべきなのです。色数を絞るのは勇気がいることかもしれませんが、安易に多色使いに走っては、かえってブランドイメージがぼやけてしまう原因にもなってしまいます。

「この色といえばこの会社」「この色といえばこの商品」そんなイメージを消費者に持ってもらうことができたら、大きなブランディングになります。会社の理念や商品のターゲットを踏まえて、まずはどんな色を使うかを考えてみてください。そして、その色を上手く活用した「トータルデザイン」を意識することが、ブランディングへの近道です。

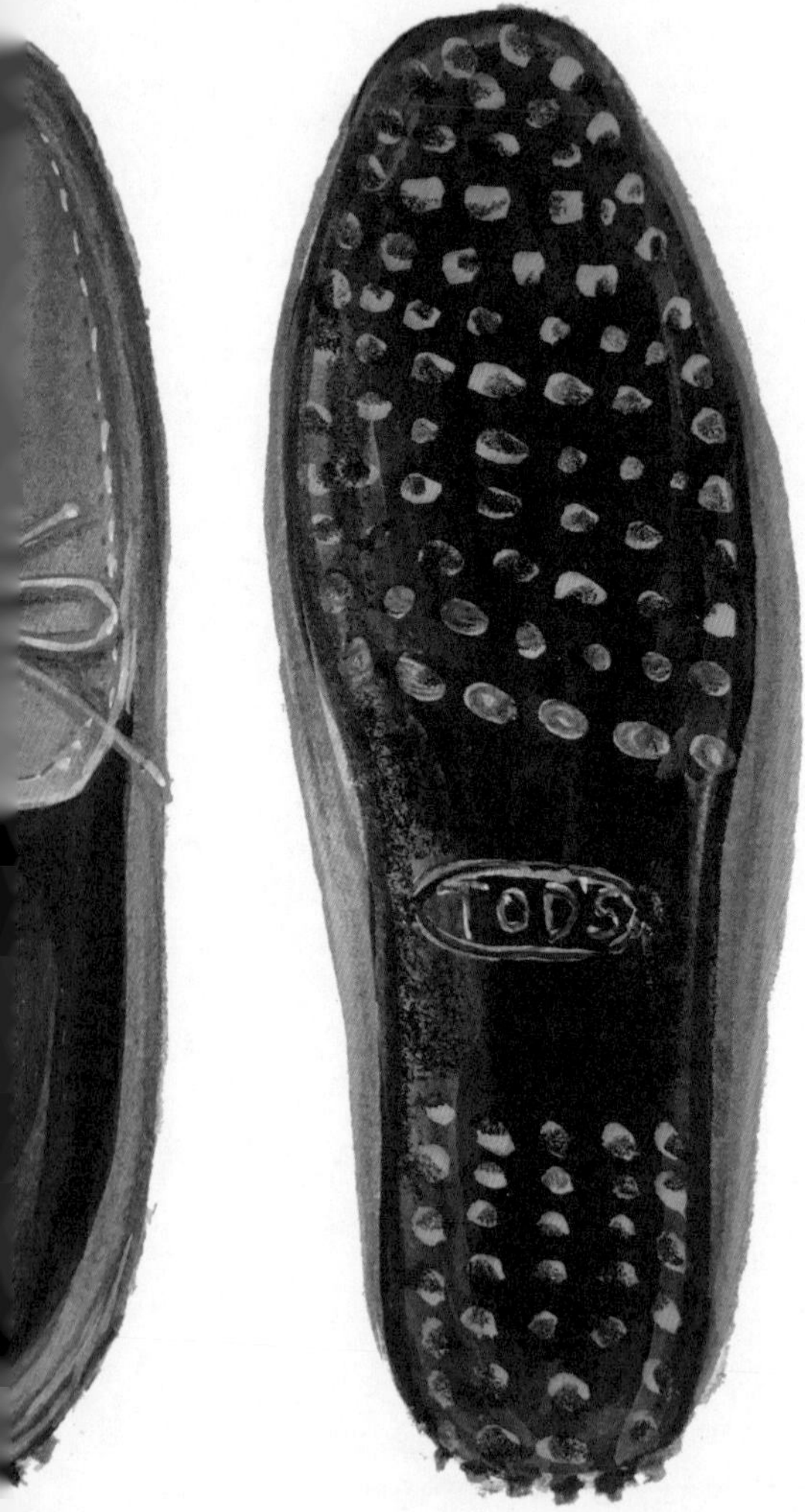

17

Gommini Mocassino

靴底に注目して
ブランディングした
モカシンシューズ

ゴンミーニ・モカシン

Maker
トッズ

Release year
1979

Country of Origin
イタリア

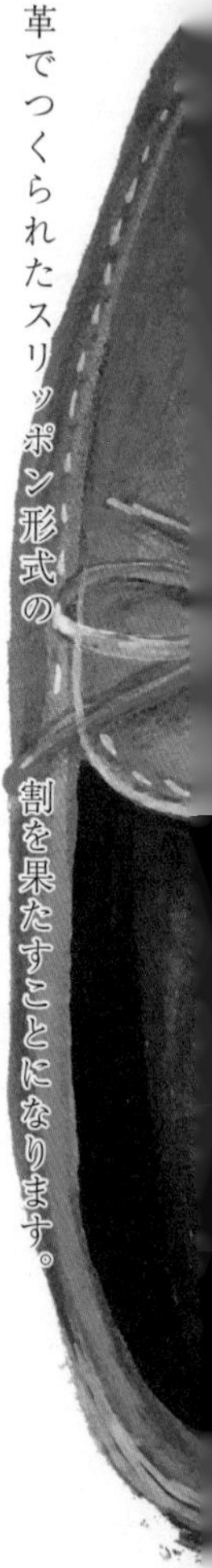

一枚革でつくられたスリッポン形式の靴、いわゆる「モカシンシューズ」は世界中に存在します。しかし、これほど高級なモカシンシューズも珍しいでしょう。それはイタリアのブランド、トッズ社が1979年に発表した「ゴンミーニ・モカシン」です。

デザインは極めてオーソドックスなのですが、特徴は靴底に133個のゴムの突起をつけたことです。元々ドライビングシューズとして開発されたので、車の運転中にペダルを滑らずに確実に踏み込めるように設計されています。これ以降「トッズといえばゴムの突起」というイメージが世界中に浸透し、ブランディングの中心的役割を果たすことになります。

通常、靴をデザインする時は、アッパー部分を中心に考えます。靴底は最後にありきたりの既製品で済ませることがほとんどでしょう。しかし同社はあえて普段は目立たない靴底に注目したのです。単なる突起でも、それを全ての商品に施し、履き心地の印として宣伝すれば、立派なブランディングを果たすのです。

「ゴンミーニ・モカシン」のヒットによって、トッズはその後、バッグや高級既製服の分野にも進出し、世界市場で大きな成長を果たすことができました。まさに「デザインの素は、見えないところにあり」と言えるでしょう。

COLUMN

「安心感」と「差別化」のバランス

デザインは、必ずしも奇抜で目立てばよい、というわけではありません。特に大都会に暮らしている現代人は、ストレスに晒されて疲れている人が多い傾向にあります。そのため、奇抜なデザインで新規性を狙うのも一案ですが、落ち着いていて、癒されるデザインを求めている人も増えているのではないでしょうか。

そうすると、服であれば着心地、靴であれば履き心地が大切です。

一方、ブランド戦略としては「差別化」が必要。この二律背反は大きな課題です。

オーソドックスで飽きのこないデザインで、履き心地がよく、なおかつ他者と明確に差別化をすることなどできるのでしょうか。

そんな難題を克服したのが、トッズのモカシンシューズに他なりません。

読者のみなさんがデザインで悩んでいらっしゃるのなら、トッズのデザイン哲学は参考になるかもしれません。そこには4つのコツがあります。

まずは、全ての商品に同じ特徴を持たせることです。ある特定のモデルだけだと、訴求力が弱くて、強い印象を与えられません。全ての商品に使えば、お客さんは普遍性すら感じてくれます。

次に、そのデザインに込められた思いを語ることができたら文句なしです。デザインはふとした単なる思いつきから出てくるもの。しかし、それを煮詰めていく過程で、「このデザインはこのようなコンセプトにしよう」と固まってきます。それを世の中に発信するのです。

そして、デザインのネーミングです。133個のゴムの突起が特徴的なトッズの「ゴンミーニ・モカシン」の「ゴンミーニ」には、イタリア語で「ゴム」という意味があります。シンプルで分かりやすいネーミングこそ、人の心に届きやすく、長く記憶に残るのです。

最後に、デザインは目立つ場所だけではなく、むしろ見えない場所に施すこと。たとえば靴であれば靴底です。クリスチャン・ルブタンの赤い靴底も有名ですね。歩いたり、足を組んだら、ちらっと見えてとてもセクシーです。他にもポール・スミスのジャケットの裏地は、いつもポップで楽しい柄がプリントされています。着ている時には見えなくても、脱いだ瞬間に見えるのはとても洒落ています。

一見しても気がつかないけれど、見えないところに宿っているデザイン。これこそ、一度話題になったら圧倒的な強みを発揮し、長期間に渡って多くの顧客に愛される秘訣だと思います。時代はそのような嫌らしさのない「エレガンス」を求めているからです。

18

Safari Look
& pantalon

ファッションから
社会を変えた
「反逆」のデザイン

サファリルック&パンタロン

Maker
イヴ・サンローラン

Release year
1968

Country of Origin
フランス

フランスの世界的ファッションブランドにもその名を冠された天才デザイナー、イヴ・サンローラン。２００２年に引退するまで、数十年にわたり20世紀のファッション界をリードし続けました。中でも１９６８年に発表した「サファリルック」と「パンタロン」のルックスは、世界に一大センセーションを巻き起こします。

サファリルックは、狩猟服をイメージした男性のファッションのこと。彼はこれを女性のファッションとしてデザインしたのです。ボタンの代わりに紐を使い、ベルトでウエストを絞ることで、女性的なラインを生み出し、生涯彼のコレクションの定番服となりました。

一方、パンタロンはパンツスタイルを指すフランス語。それまで女性はワンピースやスカートを履くことが当然とされていた時代に、あえてパンツスタイルを打ち出しました。これはフェミニズム運動とも相まって、特にアメリカで熱狂的に支持されます。彼のデザインは、女性の着こなしの概念そのものをひっくり返したのです。

デザインにはある程度セオリーが存在します。その枠からはみ出すことは、当然、大きなリスクを伴うでしょう。一方で、既成概念やタブーを打ち破るほどの強い精神を持ったデザインを受けて、社会が変化していくこともあります。言うなれば「革命」や「反逆」に近いのかもしれません。

ファッションは「モノ」ではなく「コト」

２０００年頃まで、ファッショントレンドは世界中でほぼ同時に起こる社会現象でした。60年代のミニスカート。70年代のヒッピースタイルや裾広がりのズボンを指すベルボトム。80年代には身体のラインを強調したのボディコン。90年代のあえて汚れや擦り切れを強調したグランジ。ファッションが時の若者文化をつくり、ライフスタイルまでも変化させる力を持っていました。

しかし２００1年9月のアメリカ同時多発テロ、２００8年9月のリーマンショックに続く経済不安。２０１1年3月の東日本大震災から頻発する自然災害。少子高齢化や東アジアにおける地政学的な脅威の増大。そして２０２０年の新型コロナウイルス禍。賃金伸び悩みも続く状況では、ファッションへの支出は減る一方です。では、ファッションはその役割を終えて死んだのでしょうか？

私は決してそうは思いません。ファッション業界が縮小したことは否めませんが、人が常にファッションを必要としていることに変わりはないのです。

現下の社会情勢の中では、ファッションが担う役割はむしろ増大しているのではないかと考えています。私がファッションデザインに期待しているのは、社会や体制へのアンチテーゼです。
実際にその服が多くの人に購入しても
らえるかどうかは別として、現状に不満
や怒りがあるのなら、素直にファッショ
ンにぶつけて欲しいのです。特にショー
や展示会では大人しくならずに、思いき
り弾けてもらいたいのです。仮に資金が
なかったとしても、SNSの活用など、
方法は考えられます。発信する手段は多
様化している時代です。
もちろん単なる反抗ではなく、目指す
べきポリシーを打ち出すことが重要で
す。サンローランが男服を女性に格好良
く着させ、そこから男女差別をなくして
いこう、と考えたように。たとえば格差
社会に対する反抗。服の使い捨てに対す
る反抗。ブラック企業に対する反抗や、
大企業の情報独占に対する反抗。様々な
ハラスメントに対する反抗……。数え上
げればキリがありません。
現代は「モノ」への消費から、「コト」
への消費へシフトしています。ファッ
ションについても同様で、単なる「モノ」
を売っているわけではないと考えること
ができます。フランスでは、服は「第二
の皮膚」と言われているくらい、重要視
されています。人間は身につけるものに
よって、精神まで変わります。「ファッ
ションを皮切りに、社会問題解決に向け
たムーブメントを起こしたい」という気
概こそが、時代を巻き込むファッション
を生み出すのではないでしょうか。

19

Santos

「時計を身につける」
という革命
世界初の腕時計

サントス

Maker
カルティエ

Release year
1904

Country of Origin
フランス

1901年、パイロットとして先駆的存在だった、ブラジル人のアルベルト・サントス＝デュモンは、友人だったルイ・カルティエに「飛行機を操縦中に、懐中時計を一々取り出して見ることが煩わしくて困っているのだ」と打ち明けます。当時、ポータブルな時計といえば懐中時計しかありませんでした。

それから3年経ったある日、ルイはアルベルトのために、腕につけられる小さくて薄い画期的な時計を進呈しました。これが腕時計の始まりとなり、世界に革命を起こします。この腕時計の「サントス」というネーミングは、もちろん友人の名前から取ったものです。

サントスは時間が分かるだけの機械ではありません。懐中時計と言えば丸型が標準だったのに、あえて四角いデザインとし、メカニカルなモダンさと、成功した男のステータスシンボルとして十分過ぎる高級感を放っています。リューズは丸みを帯びていますが、服に引っかからないように両側からカバーさせており、パイロットのためにデザインされたことが窺えます。

腕時計が当たり前の存在となった今、サントスが果たした役割がどれほど歴史的であったかは、言うまでもありません。私たち消費者に、いつでも時間を確認できる便利さと、装飾品としての腕時計の魅力を提案したのですから。

COLUMN

デザインの「進化」と「原点回帰」

おおよそ最初に開発された製品のほとんどは、必要に迫られて実用のために機能を実現した結果生まれたものでしょう。しかし、機能だけに終わらずに、美しいデザインが施され、最高の品質が約束されたときだけ、それは「ブランド」になるのです。さらに、その製品にまつわるストーリーが裏打ちされていたら、鬼に金棒です。

卓越したデザインがなければそれは実用品として市場で取り扱われるので、生産の効率化や、安い人件費や、安い材料を使うことで、徐々に、あるいは劇的に値段が下がっていきます。その結果、規模の経済の中で利益を出し続けられる資本力の大きな企業であれば生き残ることができますが、そうでない企業の場合は、自力操業が立ち行かなくなってしまいます。

もう一つサントスがデザインの成功事例として教えてくれていることは、意外性です。懐中時計に代表されるように「携帯する時計は丸い」が常識だったのに、あえて角形にしたことで、圧倒的な差別化がなされました。しかも、その四隅から流れるように突起をつくり、そこにブレスレットがつけられるようにしたこと。上流の女性たちが懐中時計を腕にブレスレットのように巻いて飾っていた時代に、男性だって腕にアクセサリーをして着飾る、という新しい流行を生み出したことは特筆すべき点です。

その後、三角形の腕時計、メカニックの進歩によって多機能のクロノグラフ時計、クオーツから電波時計へと、機能とデザインは進化を続けています。さらにはスマホを腕に身につけるウェアラブル端末も誕生しました。

こうなると、腕時計メーカーでデザインに携わっているデザイナーの苦労もひとしおでしょう。いったいどうやって他社と差別化ができるのだろうか、と。

しかし、この辺で立ち止まってみてください。もし「高級な」という形容詞をつけた販売を目指しているのであれば、原点に戻ってみるのです。迷ったときは、〝Back to basic〟です。

非常にオーソドックスなデザインに回帰して、国内外からのファンに支持されているのが「GRAND SEIKO」です。機械式時計の品質でグローバルブランドの地位を得ている同社だからこそ、加えるデザインから、削ぎ落としてシンプルに戻ることで、その質の高さを強くアピールすることができているのです。

次々と要素を足していくことばかりが正解とは限りません。特に日本には「余白」や「間」を感じて楽しむ心もあります。この日本文化の強みを活用しない手はありません。

20

Suntory Whisky Kakubin

ボトルデザインで
国産ウイスキーの
チャンピオンに

サントリー角瓶

Maker
サントリースピリッツ

Release year
1937

Country of Origin
日本

角張ったガラスボトルに彫刻を施したかのような亀甲模様。その中で輝くように揺れる飴色の液体。国産ウイスキーの代表格「サントリー角瓶」です。ウイスキーを飲まない人でも、この製品を全く知らない大人は少ないのではないでしょうか。それほど長く広く愛されている角瓶は、１９３７年の発売以来、現在でも日本のウイスキーで売り上げ一位に君臨し続けています。

発売当初、角瓶の商品名は「サントリーウヰスキー12年」でした。しかし、この商品はボトルデザインの特徴から、消費者から「角瓶」や「角」の愛称で親しまれるようになっていきます。

これを受け、１９５０年代にサントリーが商品名を、現在の「サントリー角瓶」に改称したのです。

角瓶がこれほどまでに消費者の支持を集めた要因は、デザインによるブランディングに他なりません。デザインがそのまま商品価値になる服や宝飾品などではないにもかかわらず、デザインによって他者から一歩抜きん出た存在になっていることを、角瓶は雄弁に物語っています。

しかも一過性ではなく、超ロングセラーを成し遂げてしまっているのですから「デザインパワーここに極まれり」と評しても過言ではないでしょう。

さてこの辺りでひと休みして、一杯いただくことにしましょう！

Japan Designが 日本企業の矜持

ブランディングの肝は、競合製品との差別化にあります。これを成すためには、前例や常識に囚われていてはいけません。「サントリー角瓶」の場合、滑らかな円柱形が一般的であったウイスキーボトルの形を角型にし、薩摩切子にヒントを得た亀甲文様を施しました。これにより世界中のウイスキーとの差別化に成功するだけでなく、純国産のウイスキーであることを暗に伝えるという発想は、極めて独創的なものです。

　このデザインを手がけたのは、サントリーの前身である寿屋のデザイナーで、日本画家でもあった井上木它《ぼくだ》氏。彼の創造力はもちろん、このデザインを採用し「亀は万年。井上はん、ほんまにええ仕事してくれました。きっとこの瓶は万年も残りまっせ！」と賞賛した、という逸話の残るサントリー創業者の鳥井信治郎氏の慧眼にも驚かされます。

　ところで、日本では工業種有権の内、意匠権は25年で権利が消失。その後は自由に使えることになっています。ですから、サントリーがこの角型ボトルを意匠登録していたとしても、その効力はすでに消滅していることになります。

　つまり、その気になれば、他社が角瓶にそっくりなボトルをつくり、ウイスキーを売り出すことも法律上不可能ではありません。ですが、もし模倣をしても、すぐに消費者から「偽物」のレッテルを貼られて、たちまち市場から退場を余儀なくされることは明らかです。角瓶のデザインは、それほどに深く、広く浸透し、愛されているのです。

さて、これまで角瓶のデザインについて触れてきましたが、言うまでもなくデザインだけでロングセラーが成し遂げられたわけではありません。鳥井信次郎氏が「断じて舶来を要せず」と言う強い意志の下、試行錯誤を繰り返した純国産の高級ウイスキーは、本場スコットランドに負けない芳醇で飽きのこない香りと味を実現しています。

卓越した製品は、社会に変革をもたらします。かつて富裕層以外ではウイスキーを滅多に口にすることができませんでした。お手頃価格で美味しい国産ウイスキーを提供し続けた角瓶は、多くの固定ファンを獲得。今ではほとんどの居酒屋で定番化した、角瓶をソーダで割る「角ハイボール」をプロモーションするなど、ウイスキーを大衆化することに成功しました。これだけ見ても、角瓶が私たちのライフスタイルを豊かにした、と言えるのではないでしょうか。

角と亀甲で人の目を引き、味で舌を虜にする。デザインブランディングのお手本のような存在、それが「サントリー角瓶」なのです。

21

G-SHOCK

機能性だけを
徹底的に
追求した腕時計

Gショック

Maker
カシオ計算機

Release year
1983

Country of Origin
日本

1983年、世界初のコンセプトで開発された腕時計が発売されました。今では誰もがその名を知っている、カシオ計算機の「Gショック」。Gは「Gravity（重力）」の頭文字であり、「落下強度10メートル」「防水性能10メートル」「電池寿命10年」などをクリアした、「トリプル10」と呼ばれるコンセプトでスタートしました。

初期のモデルは数字がデジタルで表示されるだけの、いかにも計算機メーカーらしい無機質なデザイン。クリエイティブというよりも、イノベーティブなイメージです。そして何より堅牢性はずば抜けていました。それを裏付けたのは、アメリカのテレビ番組。プロのホッケー選手がGショックをスティックで思い切り叩きシュートする、過酷な実証実験が行われました。結果、Gショックはビクともしませんでした。すると今度は大型トラックで踏みつけてみます。それでもGショックの機能は正常に作動していたというのです。

本書では「デザインによって差別化ができる」と説いていますが、Gショックはファッション性を一切排除して、機能だけを選び取りました。その結果、男臭さを引き出し、かえって「かっこいい」という評判につながったのです。一つのポイントだけを徹底的に追求し、絶対的な差別化を図ることは、時にこの上ないブランディングにつながります。

八方美人はNG 「これだけ」に徹する

ファッション性を一切排除した「Gショック」の哲学と、すでに紹介した「無印良品」のコンセプト、〝No brand goods〟。その通底に流れているものは同じです。

SEIKO、CITIZEN、ROLEX、OMEGA、IWC……。世界に名だたる老舗腕時計メーカーが群雄割拠する腕時計市場に「答え一発、カシオミニ！」のキャッチフレーズを打ち出したカシオ計算機が参入したのですから、そのリスクを恐れない大胆な行動力には感服します。

典型的なレッドオーシャン市場において新参者が勝ち残るためには、余程大胆な発想によって、他社と差別化しなければなりません。しかも、自社がすでに持っているノウハウを製品づくりに活かせなければ、たちまち先達たちに放逐されてしまうことは火を見るより明らかです。

Gショックの場合、上辺のデザインは全て無視して機能に徹したところから、結果的にブランディングに成功していったのです。いわゆる「逆張り」です。これには勇気がいります。

無骨度や男臭さ、「非」ファッション性、そして新規性。いずれも突き抜けたものがあります。

もちろん一部上場企業の新規事業として、ダイバー、クライマー、トライアスリート、スキーヤー、海兵隊など特殊な仕事や趣味をしている人だけに買ってもらったのでは、開発費や広告宣伝費を回収することはできません。一般消費者にも、普段使いとして購入してもらう必要があります。

そこで、あえてデザインから無駄を全て取り払ったことで、マニアックな匂いを放つことができ、かえって根強いファンを獲得することに成功しました。

ブランディングやデザインでは八方美人が一番いけません。「あれもこれも」ではなく「これだけ」に徹することで、新規参入組だったカシオ計算機のGショックが、時計業界にショックを与えることができたのです。まさにデザインにおける「選択と集中」と言えるのではないでしょうか。

ところで、良いコンセプトやデザインの宿命とも言えるのですが、ヒットすると、「Cショック」「Sショック」など、Gショックを模倣したコピー品が次々に出回るようになりました。そんな中で、カシオ計算機としてはアルファベットのAからZまでの全てを商標登録して、Gショックの商標を保護していたそうです。ブランド価値を守るための、これ以上ない手段ですね。衝撃に強いGショックも、コピー品に対しては「力」ではなく「頭」で対抗しているのです。

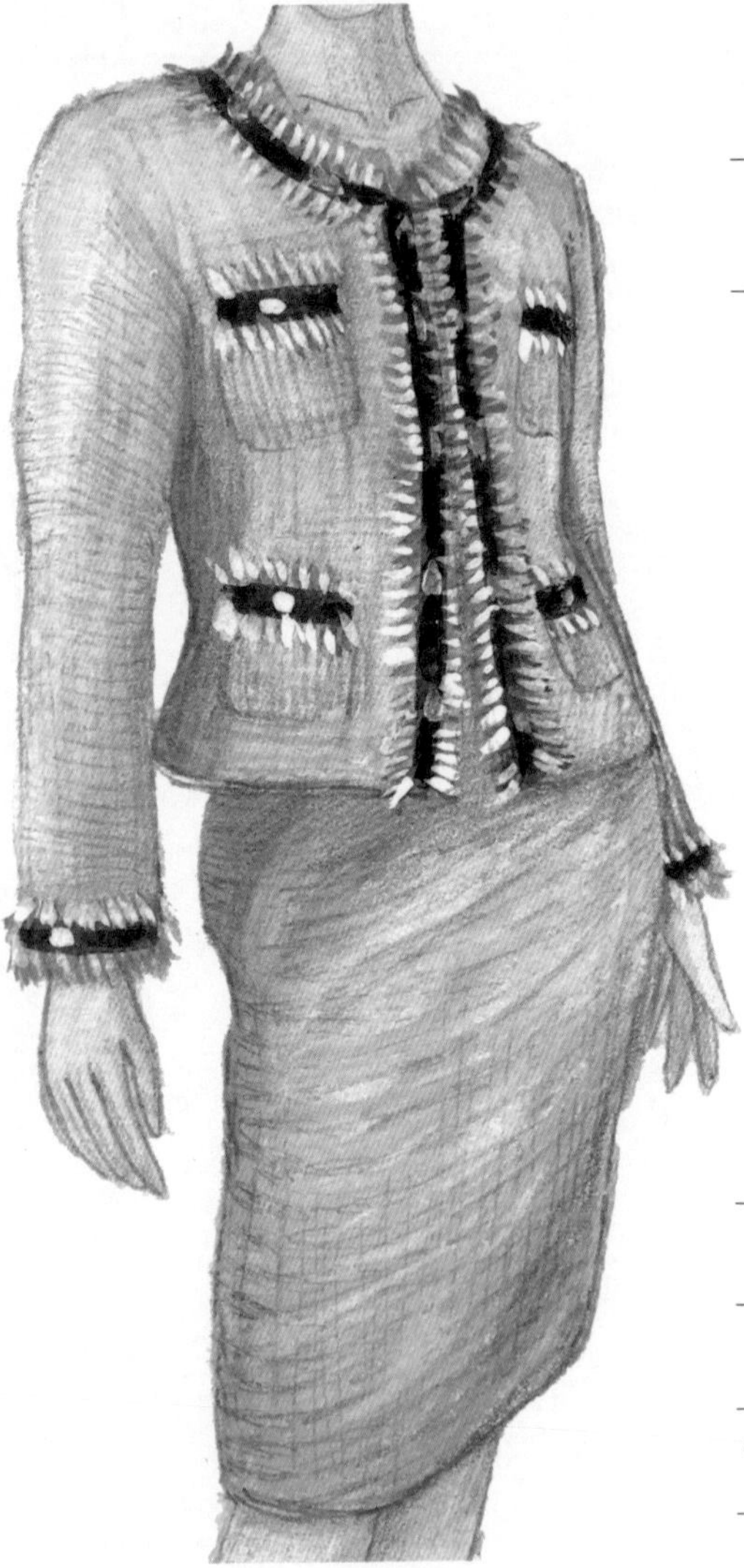

22

Chanel Suits

固定観念を覆し
女性を解放した
革命的なスーツ

シャネルスーツ

Maker
シャネル

Release year
1956

Country of Origin
フランス

かつて、エレガントな場面における女性の格好は、ワンピース型のドレスと決まっていました。そんな固定観念を覆したのが、シャネルスーツです。女性用でありながら、ジャケットとタイトスカートが上下に分かれています。

そのシルエットは、ディオールの「ニュールック」に代表されるような、腰を締め付けるコルセットや床まで伸びるフリルのスカートなど、体の線を細く強調するルックスに対する強烈なアンチテーゼで、ジャケットはズドンとストレートです。しかもスカートは膝丈。女性をコルセットから解放したのもシャネルでした。

またジャケットには通常襟（ラペル）がついているものですが、シャネルのそれは丸首で、襟の代わりにブレードという紐で縁取りされています。素材はそれまではスポーティーな服に使われていたツイードを使っています。

シャネルスーツを発表した１９５６年当時、ココ・シャネルは既に72歳。女性デザイナー兼経営者として世界的大成功を収め、一度は引退していた時期です。あくなき革新への探求が成し得た偉業ですね。

知識や経験は、もちろん心強い味方になります。一方で、セオリーばかりを意識して「こうでなければならない」といった考えにとらわれるのではなく、時には自らの感覚を信じることも大切です。

COLUMN

シャネルに学ぶ ブレないコンセプト

みなさんのビジネスにはどんなコンセプトがありますか？　コンセプトは時に企業の進むべき道を決める舵の役割を果たします。ここではシャネルを例にとってみましょう。

シャネルといえば高級ブランドのイメージがありますが、創業者のココ・シャネルの生い立ちは壮絶なものでした。貧しい家庭に生まれた彼女は、幼少期を孤児院や寄宿舎で過ごしました。そして教育を受ける機会もないままに、お針子として働き始めます。１９０９年に当時交際していたエティエンヌ・バルサンの援助によって、パリに帽子店を開くのがビジネスのスタートです。彼女はデザイナーや職人に留まらず、その後ビジネスウーマンとしても大成功しました。50代で、従業員４０００人を擁するグローバル企業のトップになったのです。

ココ・シャネルからブランディングについて学ぶことはたくさんあります。まず、自分が決めたコンセプトの川幅から一切はみ出さないこと。たとえば、ディオールやルイヴィトンなどの名だたるブランドがメンズコレクションをつくっている一方で、シャネルにはありません。レディースファッション一筋です。

また、インターネットやＳＮＳが存在

していない時代、シャネルをグローバルブランドに押し上げたのは、著名人の存在です。社会に影響力を与える女性たちがシャネルを着て、女性の地位向上を訴えていきました。顧客たちが広告塔の役割を果たしてくれたのです。中でも「寝るときにはCHANEL No.5の香水だけを身にまとっている」との逸話を残したマリリン・モンローの存在を思い出す人は少なくないでしょう。その一貫したコンセプトこそが、シャネルに対する人々の憧れをつくり上げていったのではないかと思います。

そして、その生い立ちが影響しているのかもしれませんが、ココ・シャネルの反骨精神にあふれる姿勢です。

コルセットから女性を解放しただけではなく、当時喪服にしか使わなかった黒を、シックな装いとしてファッションに落とし込んだのです。

人と同じことをしない。自分の決めたコンセプトの川幅から出ない。顧客そのものを広告塔にしてしまう。今ではブランディングの基本のように考えられていることを、自分の感性だけで、どん底からやり遂げた偉大な女性に、ただただ脱帽するしかありません。

そして現在も、シャネルは未だにファンドやブランドのグループに属していない独立系の企業です。まさにココ・シャネルの哲学をそのまま継承できている稀有なブランドと言えるでしょう。

23

Juicy Salif

アイデアの光る
美しく画期的な
レモン搾り器

ジューシーサリフ

Maker
アレッシィ

Release year
1937

Country of Origin
イタリア

居酒屋などでお馴染みのレモン搾り器。中でも20世紀を代表する「ジューシーサリフ」という商品をご紹介します。

そもそもレモン搾り器とは、上部に柑橘類の半身を押し当てて果汁を搾る道具のことです。受け皿に溜まった果汁を、最後にグラスなどへ移し替えるタイプが一般的ですが、本製品は搾った果汁が本体の溝をつたい真下へ落ちるため、グラスなどにそのまま注ぐことができます。

その形状は極めて独特で、三本の長い脚によって自立するのです。ボディはアルミの鋳造品で、わざと金属的な質感を出しており、近未来的でスタイリッシュな印象。果汁が外側へこぼれないように折れ曲がった脚が、どこか未確認生命体のようなインパクトを与えます。

機能面はもちろん、そのデザインがあまりにも斬新で美しいため、MoMA（ニューヨーク近代美術館）の永久保存コレクションに選定されています。手がけたのは著名なデザイナーのフィリップ・スタルク氏。家族とイカ料理にレモン汁をかけているとき、イカの形に似たレモン搾り器のアイデアを思いついたと言われています。

世間を驚かすような発明も、最初はほんの思いつきかもしれません。どんな突飛な発想でも、それが形になる可能性はゼロではないのです。ぜひ、日常の様々な場面に目を向けてみてください。

「形」から入る製品開発

商品を開発するとき、ついつい機能とデザインのいいとこ取りをしようと考えてしまいます。しかし、中途半端に半分ずつブレンドすると、かえって失敗する可能性も高まります。

たとえば「ジューシーサリフ」の場合、搾った果汁をグラスなどに直接注げるという機能面でのアイデアはもちろん見事です。しかし、商品の特徴としては、やはり「突き抜けたデザイン性」が一番に挙げられるでしょう。

そもそも、みなさんは月に何回レモンを搾るでしょうか。余程のレモン好きでなければ、レモン搾り器を使う機会など、せいぜい月に数回でしょう。出番が少ないアイテムにも関わらず、本製品がここまで愛されるようになったのは、デザインの魅力に他なりません。

デザインを重視しているからといって、本製品は家庭で飾っておくためだけにつくられたわけではありません。デザインの強みは、その製品の先に、もう一つ需要を掘り起こすことです。たとえばレストランで本製品をさり気なくテーブルに出すことで、驚きとセンスをアピールし、顧客づくりに活用することができます。業務用としての大きな需要も見込めるのです。

業務用に使用されると、メーカー側には様々なメリットが生まれます。まずは発注数量が飛躍的に増大します。また、個人用と違い、数百、数千という人の目に触れるようになるので、絶大な広告宣伝効果も生まれます。さらに使用中の不具合やニーズなどの声をプロからリサーチできるため、品質改善にも役立つはずです。そして、プロの間でよく使われるようになると、ブランド価値が高まり、一般消費者への需要も喚起することができます。

同じくアレッシィ社には「ミスター・モーモー」という、おろし金付きのチーズセラー（保存容器）があるのですが、牛の頭の形をした斬新なデザインをしています。ネーミングの「モーモー」も相まって、チーズのイメージにぴったり。「ジューシーサリフ」同様、台所用品でありながらアートオブジェとしても成立する、ウィットに富んだ製品です。

一見すると使い方すら分からないけれど、デザインに思わず惹かれてしまう。そのような、情緒的価値が極めて高い製品には唯一無二の価値があるため、値段が高くても買ってもらうことができます。エッジの効いたデザインで、初めて見た人に「なんだこれ？」と思わせたら勝ちなのです。機能から入る王道のアプローチもある一方で、それまで世の中に存在していなかった「形」から連想する、という方法も考えてみてください。

24

Soy Sauce
Tabletop Bottle

中身ではなく
入れ物に目をつけた
画期的な醤油瓶

しょうゆ卓上びん

Maker
キッコーマン

Release year
1961

Country of Origin
日本

醤油は、日本人の誰もが使う調味料。それまで、卓上で使うために、多くの人が醤油甕や一升瓶から小さな醤油差しに移し替えていました。ところが、移し替える際に醤油が垂れてしまい一苦労。さらに醤油差しそのものも液垂れをするので、受け皿を置く必要がありました。

このような消費者の不満を一気に解決したのが、キッコーマンの「しょうゆ卓上びん」です。本製品は日本の工業デザインの第一人者、榮久庵《えくあん》憲司氏によってデザインされ、1961年に発売されました。

首のところがくびれ、ボトムがずっしり膨らんでいる安定感のあるフォルム。素材は、醤油差しとして馴染み深い陶器ではなく、ガラスを使うことで、新しい時代感を打ち出しました。中の醤油の残量が一目で分かるメリットもあります。また、それまでの醤油差しは、注ぎ口が急須のように上に向かってカットされていました。しかし彼は試行錯誤の末、思い切って下側をカットしたのです。これにより、肝心の液垂れの問題も一気に解決しました。

そして、デザイン性の高いシルエットと、そこに描かれたロゴを消費者が自然と目にするため、認知されるきっかけにもなります。食品の場合、味や香り、色だけではなかなか他社に大きな差をつけられません。困難な醤油ブランドの差別化を、同社は瓶のデザインで成し遂げたのです。

COLUMN

どんなロングセラーも小さな工夫から

キッコーマンの「しょうゆ卓上びん」は発売初年だけで200万本を出荷する大ヒット商品となりました。58年経過した現在でも世界約100か国で愛用されており、累計5億本以上が出荷されたそうです。このロングセラーのきっかけが、中身の醤油そのものではなく、瓶に目をつけるという小さな工夫から生まれたことが、デザインの力の偉大さを物語っています。

2018年には、この瓶のデザインを、ついに立体商標として登録することが叶いました。

「立体商標」制度とは、立体的な形状を「商標」として登録し保護する目的で、1996年に導入された、比較的新しい制度です。商品そのものの外観や、商品の包装容器の形状を始め、立体的な看板や、キャラクターを立体化した人形や置物などが対象となります。

多くの立体商標は、立体物に文字やロゴを印刷したものが登録されています。ところがキッコーマンは、文字やロゴを一切排除した、瓶の形状のみで登録することに成功したのです。キッコーマンがいかにこの瓶のデザインに揺るぎない自信を持っているかの表れと言えるでしょう。ロゴや文字を見ずとも、この瓶の形を見ただけで「キッコーマンの醬油だ！」と識別できるのは、この上ない強味です。なお、本製品は日本以外に、アメリカやEUなどでも立体商標として登録に成功しています。

また、キッコーマンはロゴも秀逸です。亀甲の形の中に「萬」一文字。なんて分かりやすく日本的で、しかもモダンなデザインなのでしょうか。

ちなみに、このマークは下総国の一宮である香取神社にあやかったものとされています。軍神として広く知られている香取神社は、「亀甲」を山号としています。亀は万年、から「亀甲萬」となり、そこから「キッコーマン」となったわけです。同社の創業は、江戸時代初期。創業家の一つである高梨兵左衛門が、現在の千葉県野田市にあった上花輪村で醬油醸造を始めたところまで遡るそうで、長い長い歴史を有しているのです。

醬油メーカーは中身にこだわるもので、容器の開発にまで関わることは稀でしょう。しかしキッコーマンは容器にもこだわり、当時まだ若かった榮久庵氏にデザインを託し、全く新しい製品を世に送り出しました。

どんな業界であっても、デザインの力によってもたらされるものが必ずあるはずです。ちょっとしたアイデアや目の付け所が成功の礎となることは、キッコーマンの「しょうゆ卓上びん」によって証明されています。

25

SUWADA
Nail Nippers

「開かれた工場」で
一消費者を超えた
ファンを獲得

SUWADA つめ切り

Maker
諏訪田製作所

Release year
1950

Country of Origin
日本

私たちが普段使っている爪切りとは、コンセプトから品質まで全く異なる爪切りがあります。ペンチのような形をしており、長いハンドルを握って使用します。美しく描かれたカーブは、一点一点に魂を込めた職人の手仕事によるもの。握りやすく、爪の形に沿って緩やかにカーブした刃は、厚い爪や巻き爪、変形した爪も、爪を傷めることなく切ることができます。この製品は「ＳＵＷＡＤＡつめ切り」と呼ばれ、世界中のネイリストや医療関係者に愛用されています。製造しているのは、新潟県三条市にある、１９２６年創業の諏訪田製作所。

　同社がこれほどまでに評価されているのは、もちろん製品の高い品質があってこそですが、ブランディングの方法も非常に個性的です。従来、工場は製品をつくる場所。消費者は、店頭に並んだ完成品を見ることでしか、その価値を判断することができません。しかし、同社は職人たちがどのようにものづくりを行なっているかを明らかにするため、工場見学を受け付けています。コンセプトは「開かれた工場」。外観やインテリアもスタイリッシュに仕上げ、商品が誕生するまでの過程を、消費者自身に体感してもらうのです。

　技術に自信があるからこそ成せる技ですが、工場そのものをブランディングすることは、「一消費者」を超えた「ファン」を獲得するきっかけになるかもしれません。

COLUMN

消費者がお金を払う「理由」をつくる

諏訪田製作所の爪切りには、一万円を超える商品もあります。こんなに高額な爪切りが売れ続けているのが、不思議ではないでしょうか。

同社が他社と大きく異なっているのは、日用品や必需品の総称である「コモディティーグッズ」の代表格とも言える爪切りという製品を、高価でも欲しくなるように、ブランディングできている点です。

コモディティーグッズは、車などのように、スペックの差を数値など目に見える形で比べることができない製品がほとんどです。そのため、一般に百円ショップや量販店で安く売られている製品市場での立ち位置を上昇させることは不可能に近いと考えられています。

しかし、諏訪田製作所はそんな課題を見事に克服しました。

まずは、製品のデザインをシンプルにして、見た者に普遍性を感じさせたことです。消費者が高額品を購入する際、末長く使えるかどうかが一つの動機になるからです。

次に、企業そのものの魅力を打ち出したこと。製品をつくっている会社を信用しなければ、お客さんは高額な製品を買おうとはしません。そこで同社では工場の内外装を美しくデザインし、製造現場を自由に見学することができるようにしています。そこで真摯にものづくりに向き合う現場の職人たちも、ブランディングに一役買っていることでしょう。こうしたトータルブランディングを成し得たことで、商品自体の魅力を何倍にも高めたのです。

さらに、「なぜこの製品をつくっているのか」という理念を表現したことも挙げられます。消費者は自分がお金を払う「理由」を探しています。その理由が正当だと判断した時だけ、お財布を開いてくれることでしょう。デザイン、品質、企業姿勢の三拍子が揃っていたら、たとえ価格設定を高くしても、そこには新たな需要が生まれます。

そして最後に、爪切り以外にアートオブジェをつくっていることも、同社ならではの大きな特徴でしょう。アートオブジェだけでは、実際には多くの売り上げは見込めないかもしれません。しかし会社の魅力を伝える名脇役となっています。

高額な爪切りを買ったところで、普段の生活で人に見せびらかすことはできません。しかし、頑張った自分へのご褒美として、あるいは大切な人への贈り物として手を伸ばしたくなる人は少なくないはずです。高価な商品に求められるのは「特別な瞬間」や「他人のため」などの理由を満たすことではないでしょうか。

26

Series 7 Chair

オブジェとしても一流
世界中で愛される
ベストセラーの椅子

セブンチェア

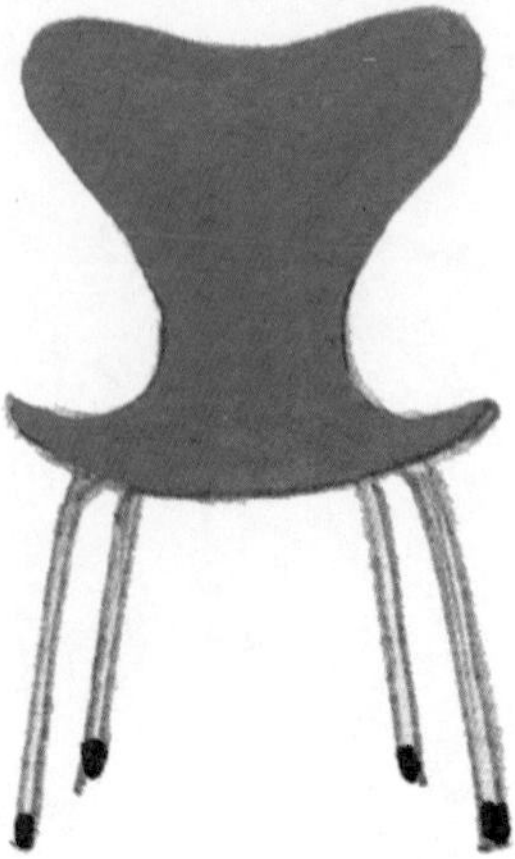

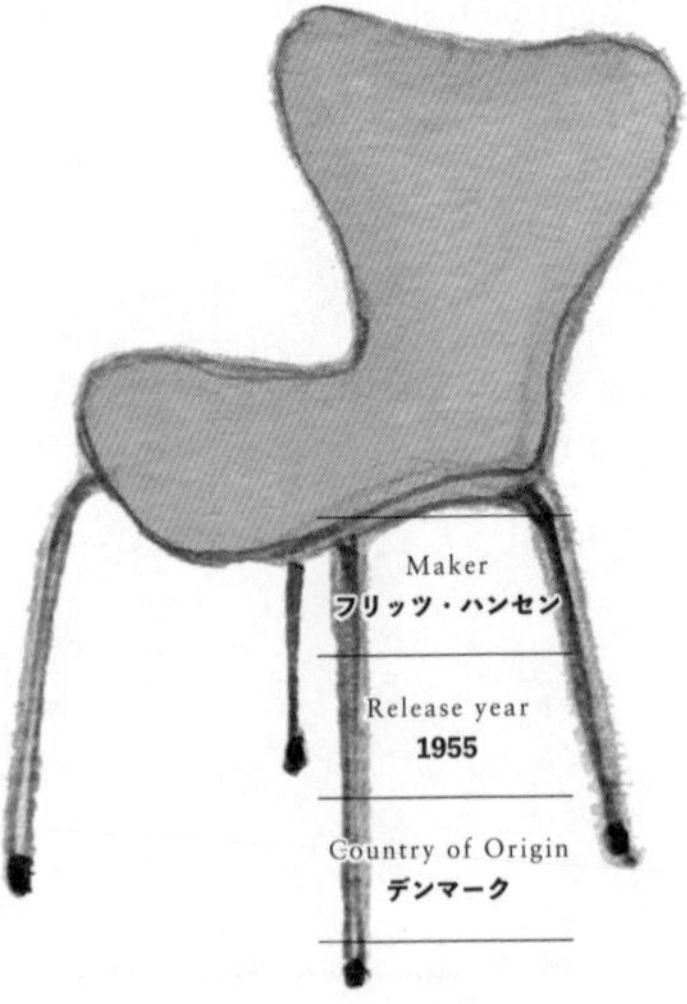

Maker
フリッツ・ハンセン

Release year
1955

Country of Origin
デンマーク

「セブンチェア」は世界で一番売れているスタッキングチェア（重ねられる椅子）です。同時に、座り心地に関しても特筆すべきものがあります。
　木製の成形合板でできており、フワフワとしたクッションがシートや背もたれについているわけではありません。にも関わらず、座面はゆったりと広くお尻を優しく受けとめます。背もたれは背中の形に合わせて三次元にシェープしています。座面と背もたれは一体に成形されていて、寄りかかると適度なたわみがあるのも特徴です。そして背もたれの下部を大きくくびれさせることにより、セクシーさと軽さを際立たせたデザインに仕上がっています。

デンマークの建築家でありデザイナー、アルネ・ヤコブセン氏がデザインし、１９５５年に同じくデンマークのフリッツ・ハンセン社が製造し発売しました。これまで累計販売台数７００万台という途方もないベスト&ロングセラー。一般住宅のみならず、公共施設や商業施設など、場所や用途を選ばずに世界中で愛されている稀有な存在です。
　本製品は座り心地のよさだけではなく、人が座っていない状態でも、限りなく魅力的です。「オブジェとしても成立する」それこそが、椅子として歴史に残るマスターピースになった大きな理由なのではないでしょうか。

COLUMN

定番商品の開発が好循環を生む

中小企業で製造業を営んでいる場合、利益を出すコツは、基本的に「少品種を長期間に渡って売り続けること」だと考えています。少品種の中に定番商品が生まれ、それがいつでも売れる状態になればベストです。

定番商品はいつも同じ材料を使うので、原料の購入に関して交渉力が上がります。為替などの変動要因を除くと、安く原材料を仕入れることができるようになるでしょう。

さらにその定番商品が受注生産できれば、在庫金額を減らすことができるので、資金繰りはとても楽になります。言うまでもなく、その逆では、資金繰りは厳しくなる一方です。

長期間同じ商品を売り続けるメリットは計り知れません。利益率アップの他に、製造に携わっている職人さんたちの技術が上がります。機械化している場合には、工場のラインを固定化することができます。すると、当然生産効率や品質も上がり、あらゆる面で好循環が生まれます。

このように「定番商品の開発」→「受注生産」→「長期間の販売」が実現できれば、高い利益率がキープされ、社内留保も増えるでしょう。

定番品をつくるメリットは、利益だけではありません。「この会社といえば、この商品だよね！」と消費者に印象づければ、会社の確固たる評判をつくることにもつながります。これが「ブランディング」です。

ブランディングとは、広告宣伝を行って、会社や製品の知名度を上げることだけではないのです。ある特定の製品において、一定の評判づくりに成功すれば、それは十分なブランディングができたと言えます。

とはいえ「分かっていても、なかなか実現できない」というのがみなさんの本音ではないでしょうか。「言うは易し、行うは難し」です。

それでは、計り知れないメリットがある定番商品開発を、どのように目指していけばよいのでしょうか。

ここでも大いに助けになるのが、デザインの力です。機能的なデザインは当然として、情緒的な価値を生むデザインは、先述してきたような一連のプロセスを成し遂げるために、必要不可欠といえます。

本項で紹介したセブンチェアは、座面と背もたれを一体成型にして、くびれのラインが特徴づけられています。奇抜なデザインで目立つことが必ずしも正解ではありません。いかにして消費者を魅了するか、感性に訴えかけるデザインを追求してみてください。

27

Gem Clip

誰もが知る
シンプルで隙のない
完璧な文房具

ゼムクリップ

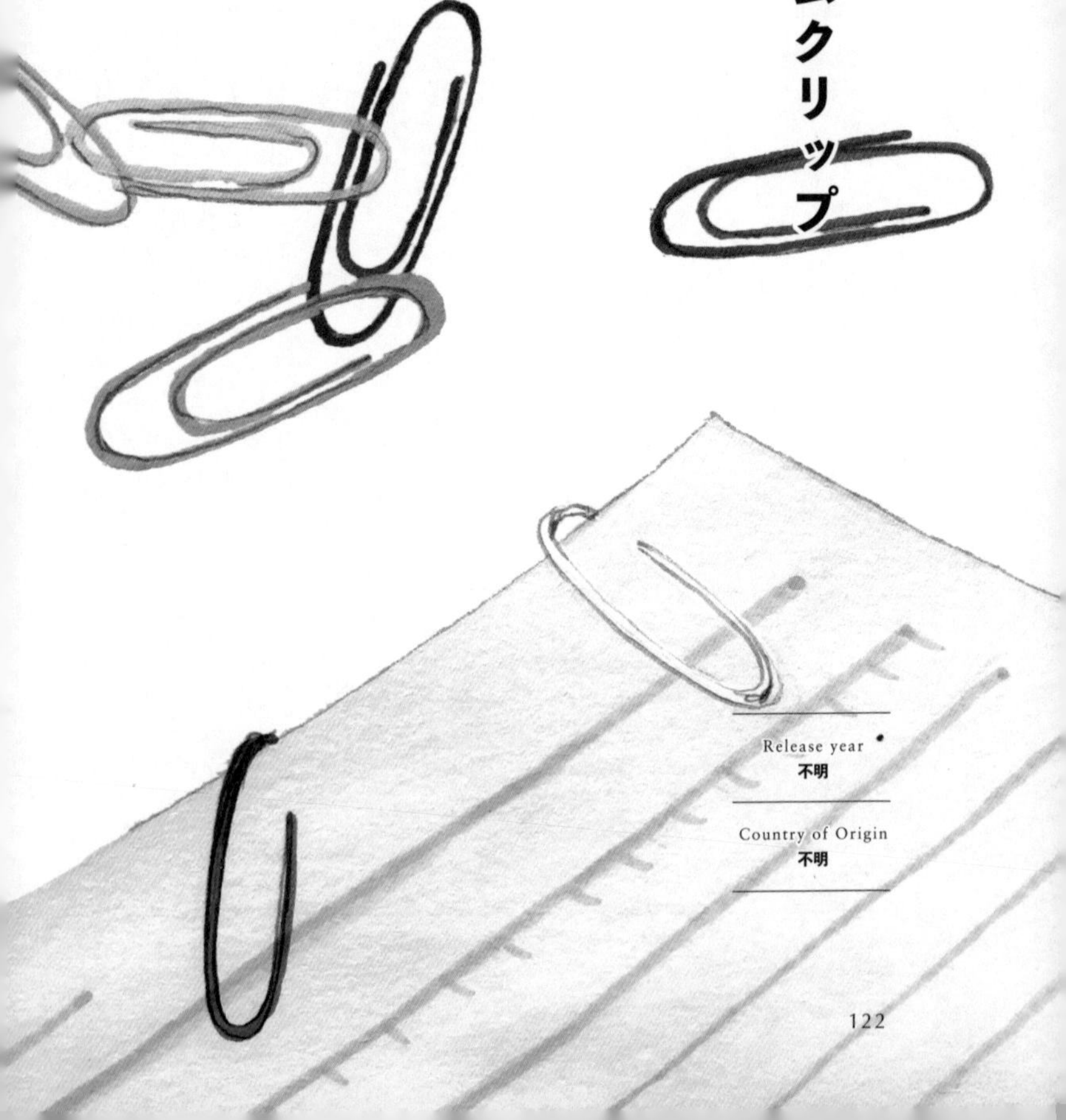

Release year
不明

Country of Origin
不明

「ゼムクリップ」を一度も使ったことがない方はいないのではないでしょうか。楕円形に丸めた針金で、複数の紙類をまとめる文房具です。単にクリップと呼ばれることも多いですね。

これほど世界の隅々で使われている道具も珍しいでしょう。事務所にはほぼ100%、家庭にも必ずと言ってよいほど普及しています。大手文具メーカーから小規模の会社まで、星の数ほどの製造所で作られている製品です。

これだけ世界中に広まっているデザインなのに、実はデザイナーが明らかになっていません。そのため特許や意匠の登録もされていないのです。

ゼムクリップは、実用性に優れた単なる文房具ではありません。実は「完璧なデザイン」の例として、ニューヨーク近代美術館や、ドイツのヴィトラ・ミュージアムでも展示されたことがある、世界的なデザインプロダクトでもあるのです。フランスではゼムクリップを「トロンボーン」と呼んでいます。曲線で構成されているロマネスクのような形状は、触り心地も、見た目にも優しい印象を人に与えます。

本当に完璧かどうかは賛否両論あろうかと思いますが、極めて優れたデザインであることは間違いないと思います。世界中で100年以上も同じデザインで使い続けられていることが、その証ですね。

愛される商品にはストーリーがある

針金を曲げただけの、どこにでもある製品「クリップ」が国を守るシンボルとなった話をご存知でしょうか?

第二次世界大戦中、ノルウェーはドイツの占領下におかれていました。その際、抵抗活動を行う人々が「束ねる」という機能を団結になぞらえて身につけたのがゼムクリップだったのです。こうした逸話が語り継がれ、現在ではノルウェー国内にゼムクリップの彫刻が建立されるなど、クリップはノルウェーを勇気づけるシンボルとなっています。

また、ノルウェーには1899年と1901年に、クリップの特許を取得したヨハン・バーラーという人物がいました。特許の内容はゼムクリップとは異なるデザインだったようですが、彼の存在も称えられています。

さて、そもそもゼムクリップのようなペーパークリップが機能するためには、クリアすべき課題があります。それは、クリップの使用に必要な弾性を持った、強くて細い針金を確実に生産する技術です。さらに、その針金でできたクリップを一般大衆に受け入れられる価格で生産できなければ、商品化の実現は難しいでしょう。

「第二の産業革命」と呼ばれている、

1865年から1900年頃までの間に、この2点がクリアできるようになりました。イギリスだけではなく、ドイツ、フランス、アメリカなどの工業力が飛躍的に発展し、特に鉄鋼分野の技術革新があったからこそだと言えます。さらに技術だけではなく、大量生産のシステムが開発されたことで、製品単価を下げられるようになったことも見逃してはいけません。

優れたデザインを世に送り出し、成功させるためには、同時に卓越した生産背景がなければならないのです。どちらか一方だけが優れていても、ビジネスとして成り立つのは難しいでしょう。

日本では、長らく生産の改善と効率化に重点が置かれすぎていたように思います。しかし、国を問わず、長く愛され続ける製品を開発するには、普遍性のあるデザインがなければなりません。

デザイン面でゼムクリップの右に出るものは今日まで出現していない、と私は信じています。どこでも、誰でも、いつも使っている小さなありふれた製品。手がけたデザイナーの名前すらわからないが、デザインは完成されている。そして背後には命を賭したストーリーが横たわっている……。

ゼムクリップについて深く知れば知るほど、この針金を曲げただけのシンプルなデザインに、無性に愛着が湧いてきます。

28

Nespresso

徹底した
ブランディングで
「体験」を提供する

ネスプレッソ

Maker
ネスレ

Release year
1986

Country of Origin
スイス

ネスプレッソは、本格的なエスプレッソコーヒーが家庭で簡単に味わえる、カプセル式のコーヒーマシーンです。操作や手入れが極めて簡単なのに、従来の業務用のマシーンにも見劣りしないスペックを持ち合わせています。

機能的な強みを持ちながらも、さらに他社の家庭用エスプレッソマシーンと決定的に違っている点があります。それは傑出した「トータルブランディング」です。ネスレは、全世界にあるネスプレッソ直営店を「ブティック」と名付け、実際にコーヒーを「体験」してもらうことで、新規顧客の心を掴むことに成功しています。そして製品の色や形に始まり、パンフレットやカタログの文字のフォントや色、店の内装、ホームページのデザイン、接客するスタッフの服装や所作、そして言葉遣いに至るまでが、ブランドのコンセプトに基づいて統一されているのです。

特に、マシーンのデザインとカラーバリエーション、コーヒー豆の種類よって美しく色分けされているカートリッジなどのデザインは見事です。グラスやタンブラーなど、アクセサリー類が充実している点も、多くの女性客に支持される理由でしょう。

ブランドコンセプトは、まっすぐに立つ大木の幹のようなもの。その枝葉となる、細部への意識が徹底されることで、ブランディングはより強固なものとなるのです。

必要性がなくても欲しくなる製品とは

今ではすっかり市民権を得たエスプレッソコーヒーですが、以前はまだ日本で気軽に飲める代物ではありませんでした。ちなみにエスプレッソとは、深煎りしたコーヒー豆を微細に挽き、蒸気の圧力で抽出したコーヒーのこと。高圧力で抽出するため、サイフォン式より濃厚で香り立つのが特徴です。

1980年代後半、当時私のボスだったフランス人の社長は「美味しいエスプレッソが飲みたいけど、日本では高級ホテルに行かなければ飲めない。なんということだ！」と、毎日のように嘆いていました。それほど特別な飲み物だったのです。

80年代から90年代初頭、喫茶店でエスプレッソが供されなかったのは、業務用のエスプレッソマシーンが高額だったのと、機械の微妙な調整に職人技が必要だったため、上手にエスプレッソを入れることが叶わなかったからでしょう。

その後、イタリアのデロンギ社やイリー社が、それほど熟達していなくてもエスプレッソコーヒーをつくることができる機械を日本に持ち込み、90年代中頃以降、徐々に日本でも一般的になってきました。

それでも、家庭で簡単にエスプレッソ

が飲める機械が開発されるとは思ってもいませんでした。技術的な問題はもちろん、異なる文化圏の人々に、慣れていない味を定着させるのは容易なことではありません。生きる上で必要のないものですから、優先順位が低くなってしまうのは当然です。必要性、つまり「ニーズ」がない市場で新しいものを売るためには、消費者に「欲しい！」と思わせるための「ウォンツ」を喚起しなければなりません。

そこで、トータルブランディングの出番です。コンセプト、ビジュアル、宣伝文句、商品の色や形、パッケージ、販売スタッフの制服などを統一感を持ってデザインしてください。その上で文化的バックグラウンドを上手に説明することで「今まで必要とは思っていなかったけれど、どうしても欲しい」というモチベーションを消費者に起こさせることができるのです。

現在、パリやニューヨークでは日本茶ブームで、ひと昔前なら「Tea」と言えば「Black tea」や「English tea」といった「紅茶」を差していましたが、「Green tea（緑茶）」や「Matcha（抹茶）」も定着してきています。「侘び寂び」を上手くビジュアルで表現できたらさらに拡大しそうな予感がしますね。大切なのは、単にモノだけを売るのではなく、文化とデザインの側面から、心に訴えかけることです。

29

Burberry Check

一般公募で誕生し
ブランドイメージを
つくり上げた柄

バーバリー・チェック

Maker
バーバリー

Release year
1924

Country of Origin
イギリス

キャメル色の地に、黒と白の太めのラインと、赤の細めのラインで構成されたチェック柄。この「バーバリーチェック」を、多くの方が一度は目にしたことがあるのではないでしょうか。日本では90年代の終わり頃、ファッションアイコンでもあった歌手の安室奈美恵さんが、バーバリーチェックのスカートを身につけてステージに登場した姿が印象に残っています。

カントリータータンと呼ばれるイングランド伝統の柄をアレンジしており、１９２４年に初めてレインウェアの裏地に使われました。実は、著名なデザイナーが描いたものではなく、一般公募で採用されたことが始まりです。

このチェック柄がブランディングの強みになったのは、その汎用性の高さでしょう。なにしろ洋服に留まらず、バッグや革小物、傘や帽子、スカーフにハンカチ、そしてインテリア雑貨やホームリネン、さらに香水の瓶に至るまで、幅広い商品ラインナップにバーバリーチェックを使うことができるのです。

もしもこのチェック柄がなかったら、現在、年間３０００億円以上の売上を誇るグローバルブランド「バーバリー」は存在していなかったかもしれません。たった一つの柄が、小さな手工業のお店を世界有数のアパレルカンパニーに成長させたといっても過言ではないのです。

デザインを一般公募するメリット

同じチェック柄でも、世界中には無数の種類があります。特にイギリスの老舗は、日本の家紋のようにそれぞれ独自の「ハウスチェック」なるものを持っています。バーバリーの他にも、「アクアスキュータム」「スコッチハウス」「ダックス」などが知られていますよね。しかし、世界的な認知度において、バーバリーの右に出るものはいないでしょう。

これほど広く知れ渡っているデザインでありながら、バーバリーチェックが著名なデザイナーの手によるものではなく、一般公募で採用されたということは実に興味深い点です。優れたデザインを生み出すための方法は、プロのデザイナーに依頼することだけではありません。デザインを一般公募する、というアイデアも企業にとって常に頭に置いておきたいところです。

プロは、ともすると過去のアーカイブスを意識しすぎたり、売れる方向に舵を切りすぎたり、つくりやすさを優先してしまったり、依頼主に様々な忖度をしてしまったりすることがあります。一方、アマチュアの場合はそのようなことはほとんどなく、自由な発想でデザインするはずです。いずれも一長一短はありますが、アマチュアならではの型破りなデザインは貴重なリソースです。

しかしアマチュアから出された様々なデザインを公平に審査するのは、そう簡単ではありません。一見粗雑に見えるデザインの中に、磨けば光る原石があったり、一見精巧に描かれているデザインに見えるけれど、実は表面的な出来であって深みがなかったりすることも考えられます。審査する人の選択眼が試されるわけです。その点、バーバリーの見抜く力は本物だったといえます。

ちなみに、バーバリーブランドが日本中に行き渡ったのは、1970年に三陽商会がライセンス契約を締結して、日本でバーバリー製品を製造販売してからのことです。三陽商会は日本人向けの派生ブランドにも関わり、日本にバーバリーを定着させた存在といえます。

ロゴデザインやキャッチコピー、イメージキャラクターなどを募っている会社や自治体は、他にもあります。中でも文房具メーカーのコクヨが実施する「コクヨデザインアワード」は、世界中から商品アイデアが集まる人気の企画。実際に商品化された作品も数多く、非常に面白い試みといえます。

現在では、インターネットを活用して、コンペ方式などで直接仕事を募集することも容易になりました。世界中の人々に、知恵や技術を貸してもらうことができるのです。デザインを考えるとき、ぜひ視野に入れてみてください。

30

Perfect Pro

インテリアの
一部として
「見せる」圧力鍋

パーフェクトプロ

Maker
WMF

Release year
1927（圧力鍋の発売年）

Country of Origin
ドイツ

圧力鍋は一見すると似たデザインの製品が多いように思えます。機能においても大きな違いはなさそうです。しかし、ドイツのＷＭＦが５年以上の歳月をかけて開発した「パーフェクトプロは」はよく見ると細部のデザインにこだわった逸品です。

鏡面仕上げのステンレスボディーに、マットなハンドルを付けてコントラストを際立たせたデザイン。調理するだけでなく、キッチンで見せる調理器具です。ハンドルの先端に高圧・低圧の圧力切り換えスイッチがさり気なく埋め込まれていて、その美しさを際立たせています。

ドイツ人が家の中で最もお金をかけるのは、キッチンと言われています。家族だけの食事はキッチンですませ、子どもたちはキッチンに集まって宿題をやります。ホームパーティーでさえも、ゲストたちはキッチンを囲んで食べたり、飲んだりします。多くの一般家庭では、キッチンがリビングの役割を果たすのです。そのため、少し高価であっても、機能だけでなく、デザインの美しい調理器具を買い揃える人が多いのです。調理器具も、インテリアの一部という考え方ですね。

文化や生活圏の違いによって、商品に必要とされる役割は変わってきます。その商品が必要とされる場面やターゲットを見極めた上で、もっとも効果を発揮するデザインを検討してみてください。

COLUMN

ライフスタイルから需要を見抜く

「標準世帯」。この言葉を聞いて、どんな家族を想像しますか？ 政府が定めている「標準世帯」は「働く夫、専業主婦の妻と二人の子供の4人家族」です。昭和の時代にはこのような世帯がもっとも多い割合を占めていたのですが、現在では全体の5％にも満たない数字となっています。日本人のライフスタイルは、時代とともに変化しているのです。

日本の伝統的家屋では、台所は北側の奥につくられ、日の当たらない場所でした。夏は涼しく、貯蔵品の保存には便利ですが、冬の炊事は辛いものでした。ここで立ち働くことから、妻のことを「奥」と呼んでいたのです。しかし、今や「料理は女性がするもの」という時代ではありません。

戦後の復興期から高度経済成長期になると、大都市には次々に「団地」と呼ばれる大規模集合住宅が建てられるようになり、限られたスペースの中で独立した台所を確保することができなくなりました。そこで台所と居間を同じ部屋に設置するようになりました。これが、いわゆる「ダイニング&キッチン」です。

こうした環境の変化により、現代のキッチンはオープンな空間となり、調理器具にもデザイン性が求められるようになりました。その結果、作り手には時代とともに変わっていく需要を見極める必要があります。

たとえば夫婦共働きが普通になると、冷凍冷蔵庫の普及によって、日曜日に大きな鍋で調理をして、冷凍して作り置きをする家庭が増えてきます。大型冷凍冷蔵庫に、大きな鍋。しかし台所の収納スペースは少ない……。すると、以前は使うたびに洗って収納していた調理器具を、欧米のキッチンのように外に出しっぱなしにしておきたい、という需要が高まります。

一方で、一人暮らしの世帯も増えています。単身用のアパートで、時間に追われる現代人の暮らしを想像してください。機能を備えた大きな鍋よりも、収納に便利で、手入れも楽な小さな鍋が求められるはずです。

また、料理を趣味にする人も増えています。すると、より細かいニーズに対応できる、専門的な機能を持った商品にも一定の購買層が存在することが予想されます。

これらライフスタイルの変化と多様化こそ、デザイン調理器具にチャンスを与えてくれる源泉です。見せる鍋、カレー専用鍋、そのまま食卓鍋……。多機能、多目的ではなく、ターゲットを絞り込むことで、新しい需要を掘り起こすことができるのです。時代に合わせたアイデアを考えてみてください。

31

Paris Metro Entrances

芸術の都を
象徴する
街の中のアート

パリのメトロの入り口

Release year
1900

Country of Origin
フランス

パリでメトロに乗ろうとすると、実に奇妙な形の門をくぐらなければなりません。緑色に着色された鉄製の枠は、蔦がぐにゃぐにゃと絡まっているようなデザインが施されており、まるで迷宮の入り口さながらの雰囲気です。しかも、それが全ての地下鉄の入り口に同様に設置されています。

これは、1900年のパリ万博開催に合わせて開業したメトロの入り口を飾るために、当時建築家として名を馳せていた、エクトール・ギマールがデザインしたものです。このデザイン様式は「新しい芸術」を意味する「アール・ヌーヴォー」と呼ばれ、当時のヨーロッパで広まっていました。なお、彼がつくったオリジナルは残念ながら現在2カ所しか残っておらず、ほとんどは後世につくられた複製品です。

非常に風変わりなデザインですが、かの芸術家、サルバドール・ダリも絶賛したと言われています。まさに「ベルエポック」と呼ばれるパリの文化が華やいだ時代を今に伝える存在です。これがパリジャンやパリジェンヌの誇りとなり、旅人がパリに来たことを実感できるシンボルにもなっているのです。

ありきたりな地下鉄の入り口であれば、100年以上も残るはずはなかったでしょう。街の一つひとつの造形物に特徴あるデザインを施すことが、時代や文化を象徴する貴重な財産となるのです。

デザインチャートで統一感を出す

デザインにおいて、「統一感」は大きな強みになります。コモディティーグッズのような小さな商品であっても、都市景観のような巨大なプロジェクトであっても、まずはデザインのコンセプトを決め、それを例外なく全ての商品や場所に適用することを考えましょう。

コンセプトを一気通貫させるために、私はいつも「デザインチャート」をつくることをおすすめしています。これは一種のバイブルのような存在で、このチャートから外れるような場合、会社であれば取締役会や社長、行政であれば首長のような責任者や、しかるべき委員会のような場での決定が必要と明記しておきます。現場の感覚でデザインや色の変更をさせないためのルールです。そこには、次のような内容を網羅します。

・デザインのコンセプトや精神
・適用する対象物
・カラーチャート（DICやPANTONEの番号、HTMLコードなどを明記）
・ベースデザイン
・必要に応じて認められる派生デザイン
・サイズ（最小と最大を明記）
・組み合わせ事例（企業ロゴや製品ロゴなどと組み合わせる場合の具体的な事例を示し、それ以外は原則禁止とする）

・万が一変更する場合の稟議規定

その他にも、会社のロゴデザインのような場合、印刷やウェブ上で表記するときに、他のデザインと一定の距離を置くように指示をします。ロゴデザインの混同や誤認を防ぐためです。これをアイソレーションと呼びます。さらに必要に応じてルールを追記してください。言わずもがなですが、誰が見てもすぐに理解できるような平易な文章でそれぞれの項目について説明をします。

パリ市の景観に統一感があるのは、時のセーヌ県知事オスマンが鉄のルールをつくったからです。具体的には入り組んだ路地裏を取り壊し大通りを東西南北に走らせたり、建築物の高さ制限を設け色を統一したり、電線を全て地中に埋設したりといったことが挙げられます。

江戸の景観は実に統一感がありましたが、大空襲の後の東京は、土地所有者が自分の土地に好き勝手なデザインの建築物を建てたために、チグハグになってしまいました。もっと早くから、京都のように景観条例をつくるべきだったと、今さながら少し残念に思います。

みなさんはぜひ、会社のロゴデザインを始め、商品やお店のデザイン、カタログやパンフレット、ホームページ、名刺や封筒にいたるまで、デザインのルールブックとなる「デザインチャート」をつくり、厳しく管理してください。必ず長期的な会社の利益につながるはずです。

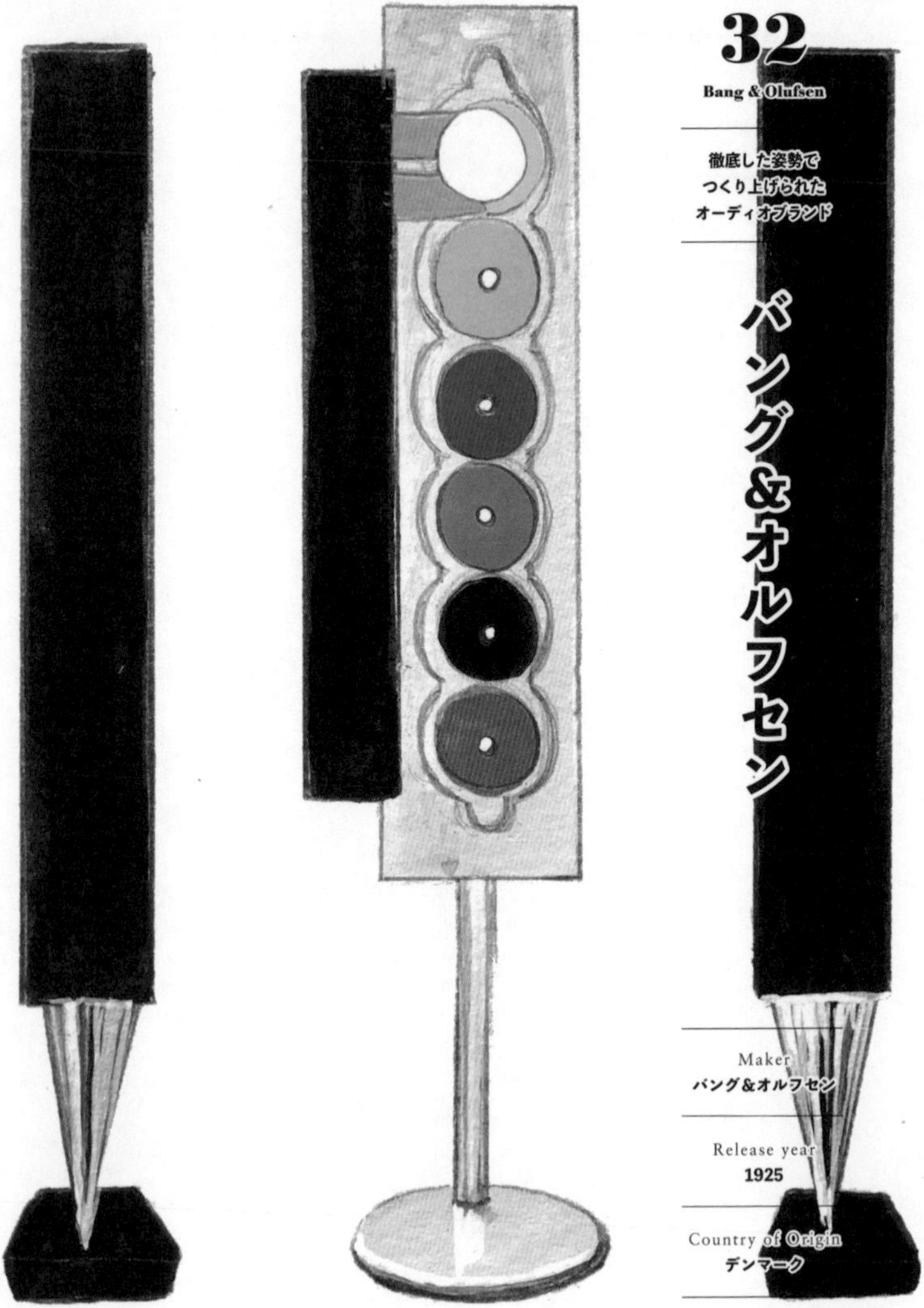

32

Bang & Olufsen

徹底した姿勢で
つくり上げられた
オーディオブランド

バング&オルフセン

Maker
バング&オルフセン

Release year
1925

Country of Origin
デンマーク

何よりもデザインを重視した、シャープでモダンなブランド。それがバング＆オルフセンのオーディオ機器です。その証拠に、1925年の創業以来、なんと18もの製品がMoMA（ニューヨーク近代美術館）の永久展示品となっているのです。

スイッチ類は必要最小限に絞られ、機器に溶け込むようにデザインされていて、インテリア空間を邪魔することはありません。極めてシンプルな操作で、最大限の機能が発揮できるようになっています。

同社は最先端のデザインを生み出すために、社内デザイナーを使いません。社員は販売までを視野に入れるため、かえって斬新なデザインを考案しにくいと考えているからです。常に外部のデザイナーに依頼することで、エッジの効いたデザインを実現し続けています。

またアストンマーチン、AMG、アウディ、BMWなどスタイリッシュな高級車ブランドにオーディオを供給していることも、ブランド価値の向上に一役買っています。

もちろん機能も折り紙つきです。特にスピーカーは、独占使用権を取得しているサウンド分散技術などを駆使して、どこまでも透明で自然な音色を再現しています。

いかなる面にも手を抜かない。基本中の基本ではありますが、この徹底した姿勢こそが、ブランドの信頼をつくり上げているのでしょう。

デザイナーと経営を橋渡しする存在

どうすればブランディングを成功させることができるのでしょうか。その指標の一つとして、デザインの新規性、斬新性、特異性などが考えられます。ブランディングの要素の中に「差別化」があるからです。

とはいえ、デザイン制作は抽象芸術を創造するわけではなく、企業がつくる製品やサービスへのデザインですから、今まで積み上げてきたイメージや名声を打ち消すものであってはなりません。むしろそれを高めるものでなければならないのは当然のことです。新しさを表現しながらも、見る者に継続性や伝統も感じさせなければならない。デザイナーの苦悩は計り知れません。

では、果たしてデザインは、優秀なデザイナーが一人いれば完結するのでしょうか。もちろん、そのような例も存在するでしょう。しかし私の経験では、むしろデザイナーの補助役や、プロデューサー的な存在こそが重要だと感じています。一般的には、彼らがデザインの方向性を決め、工程表を作成し、経営者とディスカッションをしたり、制作管理をします。それが、そのデザインがビジネスとして成功できるかどうかの大きな役割を果たすと考えているからです。

また、出来上がったデザインをマーケティングしていく方法も考えなければなりません。優れた戦略を立てられたら、そのデザインは何倍ものパワーと発展性を保証されます。特に社内デザイナーを使わずに、社外デザイナーを登用する場合、目利きのコーディネーターやアーティスティックディレクターといった美術的責任者がいると心強いです。

会社として最終的にどのデザインを採用し、それをどのように活かすか、これが製品の命運を分けるといっても過言ではないのです。この段階で目が曇ってしまっては、せっかく良いデザインの提案があっても、その真価を見抜くことができません。選ぶ側に審美眼が求められるのです。

あくまでもビジネスとしてデザインを活用する場合、このようにデザイナーと経営の橋渡しをしてくれるハブの役割を担ってくれる人材を探してください。私が今まで勤めてきた欧州の企業の場合、右脳と左脳とも言える、数字や理論と感性の両面を持った人物が間に立って、デザインから製品やサービスへ落とし込んでいました。

残念ながら日本企業においては、チーフデザインオフィサー、アーティスティックディレクターのような存在が認知されていないようです。みなさんは、ぜひともこのようなポジションの新設を検討してみてください。

33

Hansgrohe Shower Head

業界を牽引する
老舗メーカーの
美しいシャワーヘッド

ハンスグローエのシャワーヘッド

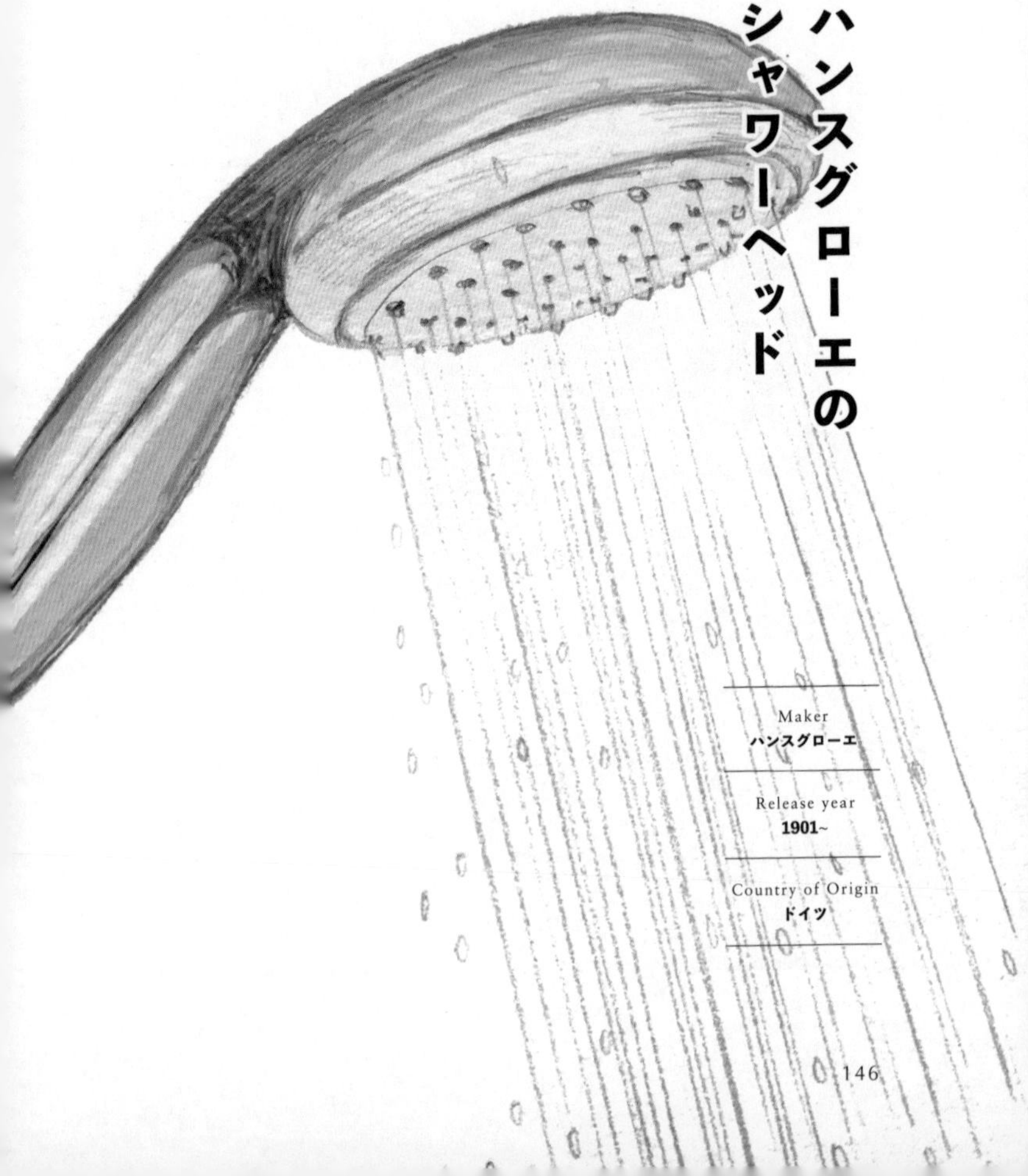

Maker
ハンスグローエ

Release year
1901~

Country of Origin
ドイツ

ハンドシャワーの分野で世界一のシェアを保持しているハンスグローエは、1901年創業のバスルーム専業メーカーです。デザインと機能の両面で、他社を寄せ付けない魅力に満ち溢れています。

無駄を一切省いたスタイリッシュなデザインは、極めて現代的です。それでありながら、いざ手に取ってみると、微妙な曲線のハンドル部分はしっくりと馴染み、温かみさえ感じます。ドイツ製品によく採用されている、直感的に操作ができるスイッチも特徴的です。これにより、ハンドルを握ったまま、水圧の種類をスムースに切り替えることができます。

抜群の節水機能がついていながら、快適なシャワーが楽しめることはもちろん、水栓やシャワーに付着するカルキ汚れを簡単に落とせる機能がついている点も特徴的です。エコ先進国のドイツ企業ならではでしょう。安全面では、しなやかなシリコン突起により、体や頭に当たっても心配ないような設計になっています。

ハンスグローエは、これまでに佐藤オオキ氏やフィリップ・スタルク氏、アントニオ・チッテリオ氏といった、世界的に活躍するデザイナーと数多くコラボレーションしており、数々のデザイン賞を受賞しています。デザインへの投資を惜しまないこと。それが流行の先端を走り続ける理由なのかもしれません。

デザインの発注は具体的に行う

シャワーヘッドのように、デザインの要素が入りにくい製品を、デザインで差別化するのは簡単ではありません。ハンドルの先に水が細かく出せるヘッドがついている、という基本的な構造が決まっているからです。せいぜいハンドルを多少カーブさせたり、膨らみを与えて手に馴染みやすくするくらいでしょう。しかし一流のデザイナーともなれば、デザインが入り込む余地の少ないところでも、存分にクリエイティビティーを発揮できるのです。

デザイナーたちに話を訊くと、「好きなようにデザインしてください」という注文が最も難しく、あれこれと細い制約があった方が、むしろ早く良いアイデアがだせる、と異口同音に答えます。

デザインをデザイナーに発注する時は、5W1Hを明確に言葉で伝えなければなりません。

「何のためにつくるのか（Why）」
「どうやってつくるのか（How）」
「誰が製造して、誰が売るのか（Who）」
「そのために何をするのか（What）」
「発売時期はいつで、どれくらいの期間売るのか（When）」
「ウェブやリアル店舗など、製品はどの販売ルートで売るのか（Where）」

こういった情報を予め明確に伝えなければ、デザイナーが制作したデザインと、発注側が想像していたデザインに齟齬が起こってしまいます。

もし最初のデザインアイデアについて発注側が満足できなかった場合、「これは叩き台だから……」などと曖昧な反応をしてはいけません。提出されたラフやプランの、「この部分がこうだから、これは了承できない。このような方向で変更できないだろうか」と具体的に発言をするべきです。

ただし、デザイナーにはデザイナーの意図したところがあるので、まずはデザイナーの発言に心を開いてよく耳を傾けることは当然です。その上で疑問点があれば質問をして、デザイナーの意図を十分に腹落ちさせてから前出のようなコメントをするべきです。

もしデザイナーの発言を聞き漏らしたり、よく理解できないまま、自分の意に沿うように修正依頼を出してしまうと、自分が知らなかった新しい考え方や、発見をみすみす逃してしまうことになるでしょう。

プロのデザイナーとは、過去の膨大なアーカイブスを学び、現代の流行を吸収し、未来に起こるであろうトレンドまでを感じている貴重な人たちだからです。お互いが納得するまでディスカッションをすること、それが最も肝心なことだといえます。

34

BAND-AID

妻への愛から生まれた
発売100年を迎える
世界的商品

バンドエイド

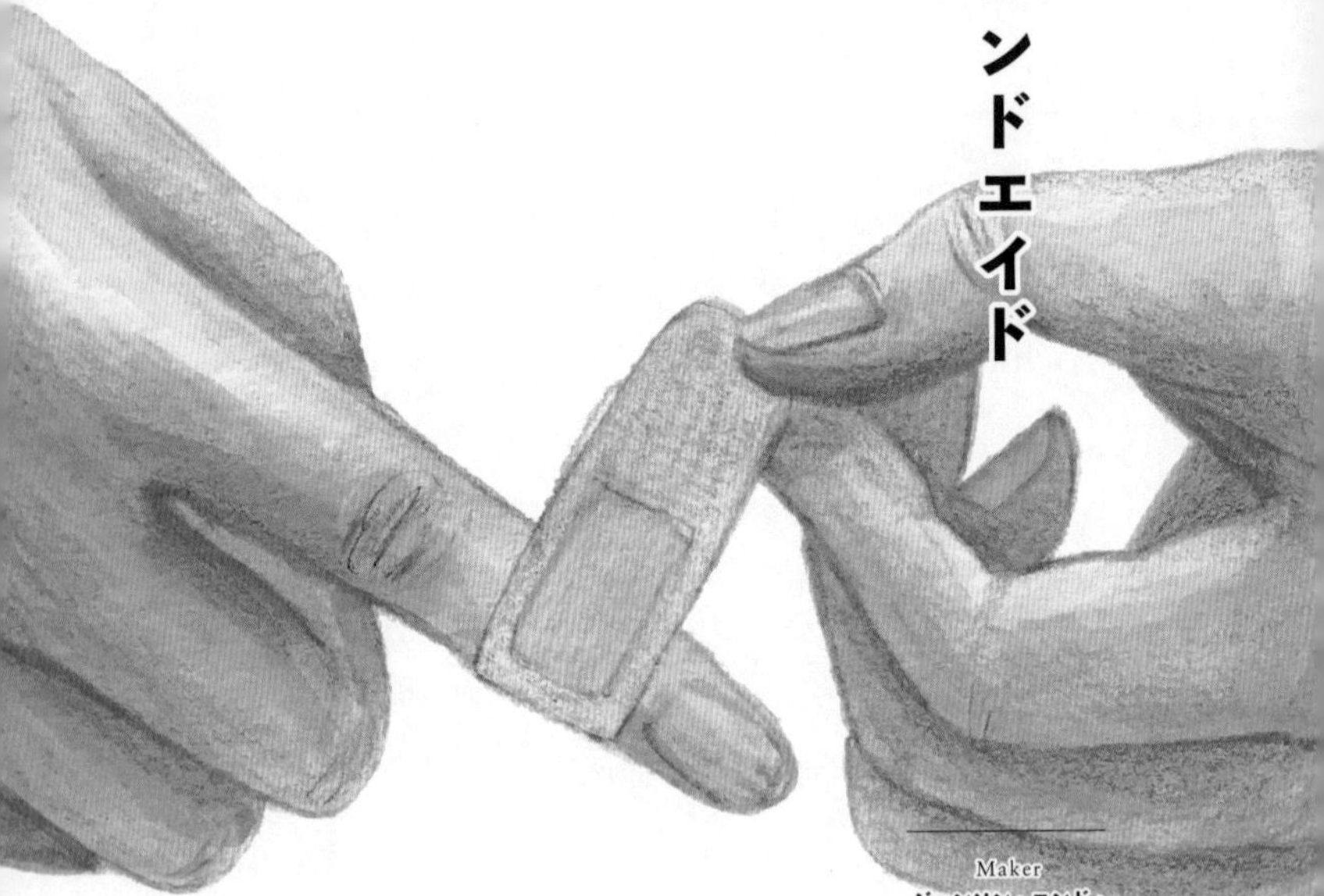

Maker
ジョンソン・エンド・ジョンソン

Release year
1920

Country of Origin
アメリカ

１９２０年、アメリカのジョンソン・エンド・ジョンソンに勤めていた28歳のアール・Ｅ・ディクソンは、妻が料理をするたびに怪我をすることに心を痛めていたそうです。心優しい彼は、時間が許す限り妻の傷の手当てをしていましたが、常に一緒にいるわけにはいきません。

彼は「何とか彼女が一人でも簡単に絆創膏を貼れるようにできないだろうか」と考えました。そして彼は、医療用テープの中央だけにガーゼを付け、片手でも簡単に手当てができるようにしました。バンドエイド誕生の瞬間です。

１９２１年には製品化して、販売にこぎつけました。ちなみに初年度の売上はたったの３０００ドルだったと言われています。その後、改良を重ね、現在のような形状のバンドエイドは１００万個単位で売れるようになりました。

バンドエイドは類似品が氾濫する中、発売以来１００年近く経っても、この製品カテゴリーで、他製品を寄せ付けないほどの揺るぎない地位を保ち続けています。もちろんアイデアの力も大きいですが、商品誕生の背景も大きな意味を持っていると思います。妻への愛に満ちたストーリーに裏付けされ、それが今もなお「傷を癒す」という商品のポリシーとして息づいていることが、人々に選ばれることにつながっているのではないでしょうか。

COLUMN

アイデアは日常から生まれる

単なるアイデア商品は、すぐに真似されて、より安く、あるいはより機能に優れた商品の登場により衰退してしまうリスクがあります。また、流行が終わるとともに、市場から退いていくことも常だといえます。そうならないためには、やはり「ブランディング」が必要です。

ジョンソン・エンド・ジョンソンには、創業以来、果たすべき責任として、次のような順序を定めています。一番目は「顧客」、二番目は「社員」、三番目が「社会」、四番目にようやく「株主」が登場します。顧客を大切にすることで、最終的には株主に至る全ての関係者へ責任を果たせると考えているのです。

現在では医療機器や医療用品製造の巨大企業に成長した同社にもかかわらず、バンドエイドという単純な製品をとても大切につくり続けていることは、非常に興味深いことです。ヒューマンタッチを何よりも大切している同社の、コーポレートブランディングにも寄与しているのでしょう。

では「ブランド」とはなんでしょうか？答えは何十通りもあるでしょうが、その一つがストーリーです。デザインが生まれた経緯を美しいストーリーとして語れると、それ自体がそのままブランディングにつながります。人はストーリーを買う、と言っても過言ではないのです。

温水洗浄便座と呼ばずに「ウォシュレット」。ステープラーと呼ばずに「ホッチキス」。リバーシと呼ばずに「オセロ」。あまりにも商品名が有名になると、その名前がそのカテゴリーの商品の総称のように使われるようになります。

「バンドエイド」はあくまで商品名ですが、今では消費者がそれ以外の類似の商品も「バンドエイド」と呼ぶようになりました。それほどまでにブランドが浸透しているのです。もちろんその裏にあるストーリーは、決して無関係ではありません。

往々にして、最初のデザインソースは、とても身近で日常的な「こんなモノがあったらいいなあ」という何気ない課題から出発しているものです。それが愛する妻だった、という点が、社員を大切にするジョンソン・エンド・ジョンソンの哲学と見事に合致したところが成功の鍵だったと考えます。

みなさんも今日家に帰ったら、早速一緒に暮らしているパートナーやご家族に、「何か困っていることはない？」と尋ねてみましょう。もしかしてステキなアイデアを授けてくれかもしれません。「イノベーション」などという英語に惑わされることなく、まずは素直に生活の問題解決をデザインソースの手がかりとしてみてはいかがでしょう。

35

Charles Jourdan
Pumps

太陽王の贈り物
世界中で賞賛された
パンプスシューズ

パンプス

Maker
シャルル・ジョルダン

Release year
1921

Country of Origin
フランス

「シャルル・ジョルダン」は、歴史上、最も美しいデザインの婦人用パンプスシューズだと私は信じています。

シャルル・ジョルダンは1921年創業のフランスの名門婦人靴製造企業ですが、特にパンプスシューズのデザインにおいて、右に出るものなし、と世界から賞賛を受けていました。

そのデザインの特徴は、余計な装飾を一切排除しシンプルであること。あくまでも形の美しさとエレガントさで女性の足を美しく見せる、という一点に集中してデザインされていました。

特にヒールの高さが6センチメートル以上のハイヒールは、長時間履いても疲れないように、木型を長年研究していました。

この技法があったために、シャルル・ジョルダンは、自社ブランドだけではなく、クリスチャン・ディオール、シャネル、ルイ・ヴィトンなどのためにも、パンプスシューズを製造して提供していたのです。

パンプスを世に知らしめたのは、「太陽王」として名高いルイ14世と言われていますが、彼の肖像画を見てみると、パンプス自体は目立った存在ではありません。

家具や建築物のように、デザインによって存在感を表すことも大切ですが、装飾品の場合、それ自体が目立つより、身につけている人を引き立ててこそ洗練されたデザインと言えるのではないでしょうか。

フランスの「エレガンス」日本の「侘び寂び」

フランス人が最も好む言葉の一つに「エレガンス」があります。

日本語に訳すと、「優美さ」や「優雅さ」にあたるこの言葉は、ゆったりと何もしないだけでなく、知性や感性を発揮して、生き生きと動きのあるイメージも醸し出しています。

フランス人がエレガンスに重きをおくのは、それが伝統的な文化に裏打ちされているからです。歴史が長く、王朝文化が育まれてきた国でなければ体現できないもので、他者や他国と圧倒的に差をつけられる概念です。

フランスでは、単に文化を博物館や美術館に閉じ込めて鑑賞するだけでなく、服飾、装飾、調度品、インテリアなど、広く製品やサービスに生かすことによって、商売としても利用しています。

この点、日本はフランスに負けず劣らず確固たる文化を育んできた歴史がありますから、それが日常に使う道具にも反映されています。陶磁器、漆器、鉄器、ガラス製品、建具、建築など、数え上げたらキリがありません。また、華道、書道、茶道、剣道、合気道、柔道など、精神を尊ぶ「道」と名のつくものには、必ずエレガンスが宿っていて、所作にも形式美を求めます。

一方、最近ではいわゆる「ジャパンデザイン」にも日本の伝統的な優美さが表現されているものも少なくありません。しかしサービスとなると、旅館に代表されるようなおもてなしは、この国にいないと享受することができません。今後は、日本独特のエレガンス溢れるサービスを、宿泊施設、飲食店、物販等に反映させて、世界中に輸出する事業に取り組むべきだと考えています。

きめ細やかなサービスとデザインをパッケージにして、有料老人ホームや病院などにも応用していくことで、ビジネスの幅と奥行きはどんどん広がっていくと思うのです。

もちろんそれは単なる表面的なデザインに留まりません。デザインの後ろに何百年と横たわっている歴史も合わせてさりげなく紹介していくことで、海外でも深い共感を呼ぶこと間違いなしだと思います。一期一会の心など、主人が客人を持て成す際の心得も融合させれば、価値は倍増します。

デザイン面でいえば日本の伝統柄などを上手くコンセプトに生かすことも有効でしょう。桜や松をはじめとする植物のほかに、扇や千鳥、流水や雲、亀甲や七宝など、宝の山なのです。

サービス業はどうしても華美になりがちですが、これからは「侘び寂び」の精神に立ち返ることが、必要になってくるのかもしれません。

36

Volkswagen
Beetle

機能的で革新的
カブトムシと呼ばれる
世界一の大衆車

ビートル

Maker
フォルクスワーゲン

Release year
1938

Country of Origin
ドイツ

「車なんて高嶺の花！　私たち庶民が所有するなんて無理。でも欲しいなあ……」

　そんな20世紀前半の一般庶民の夢を適えてくれたのが、フォルクス・ワーゲン社がつくった「ビートル」。カブトムシの愛称で親しまれる乗用車です。

　ビートルは最新のメカニズムを備え、故障が少なく、耐久性にも優れていました。さらに、軽量化に成功したため、燃費も良いのです。そして、なんと言っても革新的な流線型のデザイン。この丸っこい愛嬌のあるシェープは、一般庶民の心を鷲掴みにしました。

　ビートルは１９３８年の生産開始以来、累計生産台数およそ２１５３万台という金字塔を打ち立てた同社の代表的製品。四輪自動車としては世界最多の生産数です。２０１９年に惜しまれながら生産終了を迎えてしまいましたが、この記録を塗り替える車は未来永劫現れないのではないかと思います。

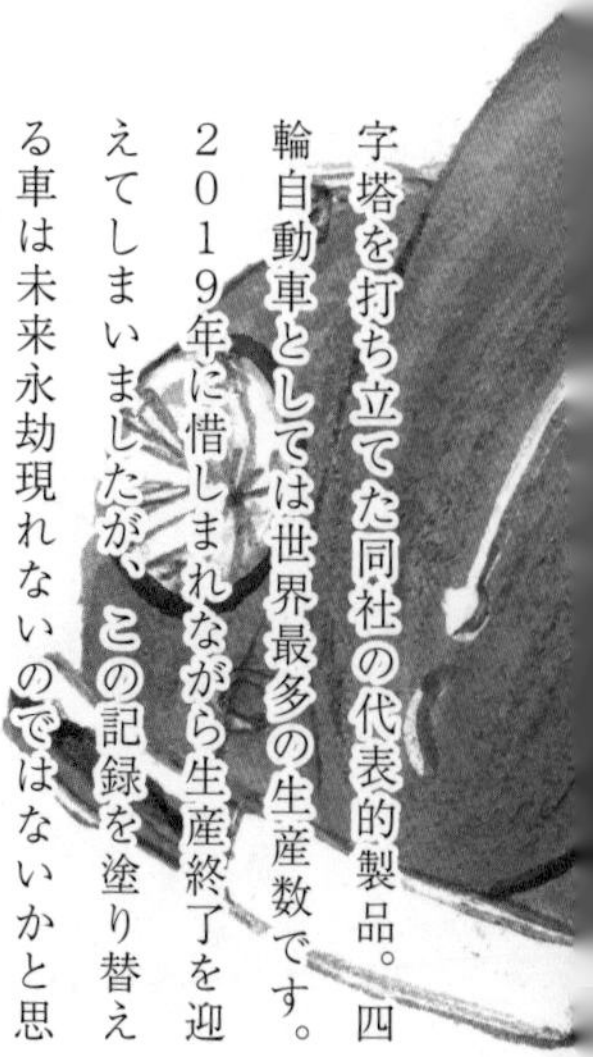

　歴史に残るような名車を設計するには、天才的なデザイナーが必要です。指名されたのは、フェルディナント・ポルシェ。言わずと知れた自動車業界の巨匠です。
　工業デザインでは、機能的価値と情緒的価値がバランスよく備えられていなければ成功できません。丈夫で長持ちでありながら、斬新かつ愛着が湧く形状。ビートルは絶妙に半分ずつブレンドされています。

戦後の復興を支えた自動車産業

ビートルのデザインを眺めていると、家族4人が楽しげにピクニックバッグをトランクにつめて出かける光景が思い浮かんできます。しかし、そんなイメージとは裏腹に、ビートルは辛く悲しい歴史を背負っています。

社名でもある「フォルクスワーゲン」は「国民車」という意味。かのアドルフ・ヒトラーにより、この「国民車計画」が提唱され、1938年に発表されたプロトタイプが1号車なのです。政権に就いた当時のヒトラーは、ドイツ国民の歓心を買うために、様々なプロジェクトを立ち上げました。

まずは国民が自由に移動でるようにするために自動車産業の振興。そして庶民でも車が所有できるようにと、低価格の車の量産と、道路網の整備。有名な「アウトバーン」はヒトラーが発案し、今でも国民がその恩恵を受けているインフラ事業です。舗装された道路が整備され、自分の車で自由に移動できるようになって、国民が喜ばないはずはありません。こうしてヒトラーは国民の心を掴んでいったのです。

第二次世界大戦が終結した後、フォルクスワーゲン再興に尽力したのが、イギリス軍将校アイヴァン・ハーストでした。１９４５年から本格的に工場の生産を再開し、世界中へ輸出するようにしたのです。

ヒトラー亡き後にも、彼が産み出した車を葬り去ることなく、平和のシンボルとして復活させた功績は大きいと言えるでしょう。歴史に「もしも」はないですが、もしビートルが角ばっていて、威張ったデザインの車だったら。スタイリッシュなスポーツタイプの車だったら……。ヒトラーの申し子であるビートルは、戦後まで生き残らなかったかもしれません。車自体に罪はありませんが、丸目で可愛らしいボディーデザインが、ビートルの命を長らえたような気がするのです。

さて日本も戦後の荒廃から立ち直るためには「車」だと考えたのは当然です。トヨタ「カローラ」は１９６６年の発売で、この1車種によって、販売台数1位の座を日産自動車から奪い取ってしまいました。

ちなみにデザイン面でビートルに直接影響されたのがスバル３６０で、ほぼ相似形と言えます。その他に大衆車の系譜としては、マツダ・ファミリア、ホンダ・フィットなどがありますが、私には、フォルクスワーゲン・ビートルの孫、曾孫のように見えます。単に模倣するのではなく、偉大なデザインに影響を受け、別の土地で使いやすい形に変えることもデザインワークの一つなのです。

37

Birkenstock Sandal

流行に迎合せず
自らの哲学を貫いた
サンダルの王様

ビルケンシュトックサンダル

Maker
ビルケンシュトック

Release year
1963

Country of Origin
ドイツ

ビルケンシュトックの靴やサンダルを一目見ると、普通の靴と全く異なる特徴を発見します。それは踵の部分から爪先に向かって広がった形状です。ファッションシューズの場合、爪先にいくに従って細くなっているのが基本ですが、それが真逆なのです。どう見ても洗練されているデザインとは言い難く、むしろ無骨な印象を与えます。

しかし一度足を入れてみると、その履き心地のよさは抜群。それもそのはずです。私たちの足の形を見ると、踵の部分が一番細く、指に向かって広がっています。つまりビルケンシュトックの靴やサンダルは人間の足型通り、素直にデザインしたにすぎないのです。

さらに、土踏まずの形状にフィットするよう、「フットベッド」と呼ばれる中敷が施されていて、足が疲れない設計になっています。

これだけ機能に徹した靴なので、お世辞にもファッションシューズとはいえず、日本に上陸しても、しばらくは苦戦しました。しかし、様々なバリエーションが増えたことや、健康ブームなども相まって、一気に流行。そこから、一見不恰好な靴が、クールなイメージに変身したのです。

流行りのファッションに迎合するだけでは、成功することはできません。必要なのは、デザインに「哲学」があることです。

COLUMN

ブランディングは「引き算」で考える

ブランディングの基本を問われれば、私は即座に「○○といえば？」と聞かれて、誰もが思い浮かべるような存在になることだと答えています。たとえば「履き心地の良いサンダルといえば？」と聞かれて「ビルケンシュトック」と思い浮かべられるように。

私は大の蕎麦好きなのですが、世の中には十割蕎麦しか出さない蕎麦屋もあれば、蕎麦やうどん、カレーライス、カツ丼や親子丼、ラーメンまで提供する店もあります。蕎麦好きをターゲットにするなら、どちらがブランディングができているかは明らかです。同じせいろそばの単価も、後者に比べて前者の方が数段高いと想像できます。

他にも、我が家の近くに二つの小さなクリニックがあるのですが、一方は「内科、小児科、循環器科、アレルギー科」と掲げられています。もう一方は「小児科、アレルギー科」の看板。娘が幼かった頃に喘息を患ったのですが、当然後者のクリニックに連れていきました。

このように、ターゲットを絞るとブランディングはぐーんと成就しやすくなります。デザインにも同じことが言えるでしょう。強いブランドイメージを表現するためには、様々な要素をミックスするよりも、一つのデザイン要素で押し通すべきだと考えています。その結果、製品やサービスが差別化でき、潜在顧客の目に留まりやすく、選んでもらえる可能性が一段と上がるのです。

ビルケンシュトックのデザインは「見た目の格好良さよりも履き心地だ」と考えている顧客に刺さりました。ですからロゴデザインも白地にブランド名が書いてあるだけ、というシンプルなものですし、お店の内装も飾り気がありません。「履き心地だけを追求しているブランドなんだなあ」と顧客に感じてもらうことに成功しています。

また、色もデザインの最重要要素ですが、ブランドイメージを強くするためには、思い切って色数を絞ることをお勧めします。脳科学でも、人間の脳には表示要素の20%程度しか記憶に残らない、と言われています。様々なカラーを組み合わせて美しいと思われるデザインを考案しても、残念ながら見た人はよく覚えていてくれないのです。

一方、色数を極限まで絞った例として、ナイキのロゴ「スウッシュ」や日本の国旗は、見た人に強い印象を刻印してくれます。

かのレオナルド・ダ・ヴィンチも「シンプルであることは、究極の洗練だ！」と言いました。どうか足し算ではなく、引き算の考え方に則ってデザインをブランディングに最大活用してください。

38

Button Down Shirts

スポーツ選手の
不便さから生まれた
アイデア商品

ボタンダウンシャツ

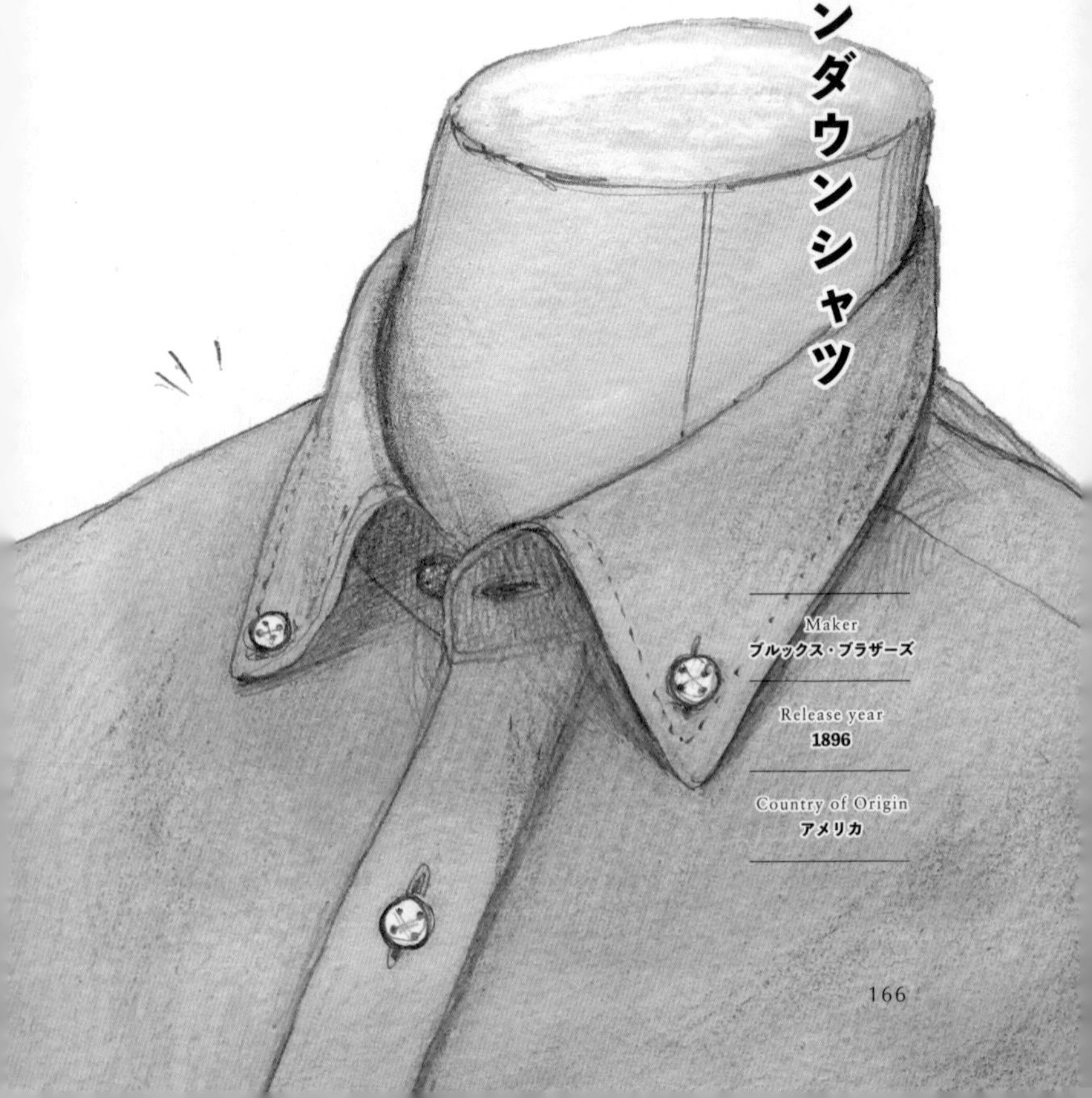

Maker
ブルックス・ブラザーズ

Release year
1896

Country of Origin
アメリカ

2005年、「クールビズ」が定着し、夏の国会でもノーネクタイが当たり前になりました。しかし単にネクタイを外しただけだと、襟が寝てしまい、だらしない印象を与えます。そんなとき、強い味方になってくれるのが「ボタンダウンシャツ」です。ノーネクタイでも襟が立ち、胸元も締まって見えます。

このボタンダウンシャツを本格的に売り出したのは、アメリカの老舗紳士服店「ブルックス・ブラザーズ」です。創業者の孫であるジョン・ブルックスがイギリスでポロ競技を観戦しているとき、ユニフォームの襟が風に煽られるのを抑えるために、選手たちが襟の先にボタンをつけているのを見て製品化を思い立ったと言われています。実用のために工夫されたものをファッションに取り入れて大成功したのです。

他にも、トレンチコートの肩にはショルダーストラップが付けられていますが、兵士のショルダーバッグが落ちないようにするための工夫です。また、左右に大きなポケットが付けられたカーゴパンツは、元々、貨物船で荷役作業をする人たちが腰を屈めても物の出し入れがしやすいように考案されました。いずれも、すっかりファッションとしての市民権を得ています。

みなさんも、日常の中で少し不便に感じる点を探してみてください。デザインのアイデアになるかもしれません。

COLUMN

発想力を高める二つの方法

世の中にあふれるアイデア商品を見て「そんなの自分だって思いつく」と考えたことはないでしょうか。しかし「コロンブスの卵」同様、最初にやった人が評価されるのは当たり前です。

では、誰よりも先にアイデアを思いつくにはどうしたらよいのでしょうか。そのためのコツをご紹介します。

まず、手っ取り早い方法は、一日の内、少なくとも30分以上ぼーっとすることです。信じられない、と思った方もいるかもしれませんが、アップルの創業メンバーによれば、スティーブ・ジョブズ氏もよくぼーっとしていたそうです。脳神経学的にも、脳を休ませている瞬間こそ、脳が最も活発に活動しているといわれています。つまり、何も考えないことで、結果的に良い思いつきやアイデアが生まれやすくなる、というわけです。

確かに、新しいアイデアやコンセプトは、パソコンの画面の前にじっと座って唸っていても、なかなか生まれるものではありません。それよりも、のんびり公園のベンチに腰掛けたり、ゆっくり散歩をしたり、温かいお風呂に浸かってリラックスしたり、ベッドの上で天井を眺めていたりするときの方が、はっと思いつくものです。実際、ゲーテやベートヴェンなど、多くの作家や芸術家も着想は散歩中に得ていると証言しています。

ぼーっとするのが難しい人は、少しお金と時間がかかる場合がありますが、旅に出てみましょう。もっとも、海外にまで行く必要はありません。たとえば北海道の原野や鳥取砂丘、青森の白神山地など、「非日常」を体験できる場所は日本各地にあります。どこに行くかはさほど重要ではありません。仕事や生活の雑事から離れて、感覚に浸れる環境に身を置くことが大事なのです。極端な例を挙げれば、私の場合、近所の河原に行くこともあります。

ジョン・ブルックスも、イギリスへ旅行に行った際、ポロ競技の観戦中に「ボタンダウンシャツ」を思いつきました。自国で経営に追われている状況では、そのようなアイデアが出たかどうか定かではありません。

医学的にも、旅に出ると自律神経を整え、心身を安定させる効果があると証明されています。いつもと全く異なる環境に身を置くことで、普段働いていない感性や思考が自然に活動し始めるのです。「ビジネスにおいてデザインが大切」と本書の中で一貫してお伝えしていますが、肝心のデザインを見極める感覚が鈍ってしまっては意味がありません。発想力や思考力、判断力を研ぎ澄ませるために、時には脳を休ませることも考えてみてください。

39

Pocky

老若男女に愛される
優れたアイデアの
ロングセラー商品

ポッキー

Maker
江崎グリコ

Release year
1966

Country of Origin
日本

1966年の発売以来、クリーミーなチョコレートとサクサクのプレッツェルで老若男女に支持されている江崎グリコの「ポッキー」は、その美味しさもさることながら、商品本体、パッケージともに優れたデザインが光るロングセラーです。

江崎グリコは、1960年代に棒状のプレッツェルにチョコレートをコーティングしたお菓子の開発に着手しました。当初は全体をチョコレートでコーティングする予定でしたが、そうするとチョコレートが手についてしまいます。銀紙で包むという案も検討されたそうですが、コストや手間の問題でこの案は断念。打開策として採用されたのが、片側の端の一部をコーティングしないという案でした。江崎グリコが本社を置く大阪名物の串カツをヒントにしたとも言われているこのアイデアは、手が汚れず、外でも気軽に食べられることから好評を博し、消費者の支持を獲得することに成功したのです。

ポッキーがデザイン面で優れているのは外装にも現れています。コンパクトで持ち運びやすく、箱から持ち手の部分が飛び出す構造は、家族や友人などとシェアしやすく、商品本体の長所を引き出していると言えるでしょう。いずれも、決して難しい仕掛けではありません。しかし、こうしたほんの少しのアイデアこそが、商品の成功を握る鍵なのです。

伝統ある商品をデザインでアレンジ

「新製品の開発」は作り手につきまとう悩みの一つです。あれこれとアイデアを考えてみても、そう簡単に新たな商品を生み出せるものではありません。そんなときは、「伝統ある商品を自分なりのアプローチで生まれ変わらせる」という方法を考えてみてください。

伝統ある商品は老舗の力が強く、一見すると新規参入が難しいように思えます。しかし、売れ続けている商品にはそれだけの理由があるはずです。ゼロからやみくもに新たな鉱脈を探すよりも、眠っている鉱脈を掘り当てられる可能性が高いのです。

たとえば、フランスの国民的なお菓子であるマカロンを例にとってみましょう。マカロンは、江戸時代にはすでに日本にも伝えられていた、という記録も残っているほど、歴史のあるお菓子でもあります。デパートの食品売り場や、大手スーパーの店頭には、何種類ものマカロンが並んでおり、今や日本でもポピュラーなお菓子。そしてよく見ると、フランスを代表する高級ブランドのマカロンはもちろん、日本のパティシエや菓子メーカーの商品も数多く並んでいることがわかります。つまり、新規ブランドが次々と参入しているのです。

理由は、各社とも、新ブランドで十分に勝算があると計算しているからです。マカロンは製法もシンプルで、味や香りで大きな差別化を図れるお菓子ではありません。その場合、成功と失敗を分けるのは、やはりデザインです。まずは店頭でお客さんの目に留まって、足を止めてもらい、販売員さんの話を聞き、買ってもらわなければ意味がありません。試食という方法もありますが、それも目に留まった後での話。つまり、それ以前に色や形、ロゴやパッケージデザインで勝負は決まるのです。

同じことが日本の羊羹にも言えます。羊羹では、虎屋が言わずと知れた東の正横綱といえます。しかし、近年では虎屋以外にも数多くの羊羹ブランドが凝ったデザインの羊羹を売り出し、話題を呼んでいます。老舗に負けないような魅力的なデザインを考案し、日本の文化を表現するようなネーミングとロゴデザインによって、羊羹好きなお客さんはもちろん、若い世代の人気も引き寄せることができているからです。

もしみなさんが新商品開発にあぐねているのなら、古くからある商品を、みなさんなりの新しいデザインにアレンジしてみてはいかがでしょうか。レシピなどが公開されているものであれば、知的財産権に抵触することもありません。工夫次第では、激しい競争の中から抜きん出ることも可能です。

40

Porsche 911

計り知れない
ブランド価値を持つ
不朽の名車

ポルシェ911

Maker
ポルシェ

Release year
1964

Country of Origin
ドイツ

流線型のボディーに丸い2つのヘッドライト、リアエンジンとリアドライブが特徴的な、高級車の代名詞「ポルシェ911」。1963年の発売以来、基本デザインを一切変更せずに、高額にもかかわらず、現在も世界中で売れ続けています。

手がけたのは、「ビートル」の項目でも登場したフェルディナント・ポルシェ。彼は1930年に自身のデザイン事務所を立ち上げました。ビートルを少しだけフラットにして、空気力学の発想を取り入れ、高性能のエンジンを搭載した「ポルシェ356」を発表。これをさらにスポーティーに進化させ、世に送り出したのが、不朽の名作「ポルシェ911」です。

確かに外観はビートルと兄弟のように見えます。しかしターゲットとする客層は、ビートルに比べると、お金があって車を趣味とするような人たちです。

ポルシェ911は、20年位前の中古車でも、新車の時の価格の7～8割ぐらい、内外装やエンジンを大切にメンテナンスしてあれば、逆に高くなっていたりします。

どうしてこのような現象が起きるのでしょうか。それは、他でもなくポルシェに「ブランド価値」があるからです。ベストセラーを長期間に渡って維持し続けるには、高性能なエンジンと斬新なデザインだけでは足りません。何年経っても古さを感じさせない普遍性が必要なのです。

デザインを変えるメリット・デメリット

古くなって価値が下がるものと、上がるものの違いはどこにあるのでしょうか。通常、車の価値は数年経つとガクッと下がるのが一般的です。「自分が乗っている車はいったいいくらで下取りをしてくれるのだろうか？」気になって検索サイトや中古車市場をチェックし、愕然としたことがあります。

ところが「ポルシェ911」は、驚くことに数十年経ってもほとんど価値が下がらないどころか、逆に高くなっていることさえあります。なぜこんな魔法のようなことが起きるのでしょうか。

私は「ポルシェ911」の値段が下がらない理由はデザインの普遍性にあると考えています。移り変わりの激しい車市場において、何年経っても見かけが古くならない車はそうありません。古いモデルでも「是が非でも手に入れたい」と人に思わせる価値を生み出しているのは、優れた性能よりも、普遍的な設計思想の賜物だと思っています。

もちろん「ポルシェ911」も、平均7～8年に一度のペースでモデルチェンジをします。しかし基本デザインが変わらないので、旧モデルが陳腐化することはありません。

モデルチェンジの際、できる限り現行

モデルと違う斬新なデザインを出そうと試みているメーカーも数多くあります。これはマーケティング的には決して間違っていません。あえて旧モデルを陳腐化させ、買い替え需要を喚起するのです。しかし、同時に諸刃の剣でもあります。旧モデルが陳腐化すれば、当然中古車市場では値段が下がるので、ユーザーが買い替えの際、値引きを要求したり、下取り価格を高くしたりするようにディーラーに求めます。ところが「ポルシェ911」のように中古車市場でも値段が下らなければ、ユーザーに対して新車の値下げも必要なくなります。

ちなみに2017年のポルシェ社の売上は日本円にして約3兆600億円で、前年より5%増えましたが、驚くべきはその営業利益率が17・6%という事実です。自動車業界でトップクラスの売上を誇るトヨタ自動車ですら、2018年3月期決算での営業利益率は8・2%に過ぎません。これもひとえに「ポルシェ911」という普遍的な価値を持つ旗艦モデルがあったからこそ成し遂げられていることです。

デザインを変化させてユーザーに買い替えさせるのか、あるいはデザインを変えないで、ユーザーに安心感を与えるのか。どちらの手法にもそれぞれメリットはありますが、企業イメージを考えたときには、後者に軍配が上がることは間違いありません。

41

Montblanc

マークとブランド名が
象徴する
筆記具の頂点

モンブラン

Maker
モンブラン

Release year
1906

Country of Origin
ドイツ

「万年筆のブランドを一つ挙げてください」と尋ねられたら、みなさんなら何と答えますか？　国内外に様々なメーカーがありますが、中でも世界を代表するメーカーの一つが「モンブラン」でしょう。その知名度を支えているのが、社名と白い星型のシンボルマークです。

モンブラン万年筆の起源は、1906年にドイツのハンブルグにある文房具店の店主と、ベルリンのエンジニアが共同で設立した「シンプロ・フィラーペン・カンパニー」。同社は1924年に代表的商品となる万年筆「マイ スターシュテュック」を発表します。

デザインの特徴としては、アルプスの最高峰モンブランの頂を覆う雪をイメージした「ホワイトスター」と呼ばれるマークがキャップの先端に埋め込まれていることです。このマークは同社のブランドイメージとして企業ロゴにも使用され、今やモンブランの筆記具の象徴ともいえます。さらに、ペン先には山のモンブランの標高である「4810」の数字が刻まれています。

そして、同社は後に、ブランドとして定着していた「モンブラン」を社名に取り入れます。象徴的なロゴと、それにリンクしたキャッチーなブランド名。品質や書き味だけで大きな差別化をするのが難しい万年筆市場で、この大胆なブランディング戦略は見事に成功しました。

会社のイメージは付加価値になる

たとえ10年でも会社が続いていたら、それはとても立派なことです。中小企業白書によると、創業してから10年後にも生存している企業は約35％という統計があります。これを事業所ベースにすると約26％しか存続していません。

一方、帝国データバンクによると、創業100年を越える企業も全国には約3万3000社あり、日本は老舗企業大国でもあるのです。フランスを本拠に、ファミリービジネスだけで200年以上操業している企業だけが加盟できる「エノキアン」という団体があるのですが、トップのイタリアが14社、フランスが12社加盟しているのに続き、日本からは8社が加盟し、堂々の3位を飾っています。

昨今、AIやビッグデータの活用が注目されており、「イノベーションのない企業は生き残れない」と経済や経営の専門家たちに脅迫観念を植えつけられています。しかし中小企業の場合、おいそれとはいきません。

継続するためには、変えるのではなく、変えないという選択肢もあることを忘れないでください。特に長い間使われている会社のロゴマークを安易に変えることは、とてもリスクの高いことと認識してください。

　モンブランの「ホワイトスター」が、もし他のマークに変更されていたら、今日この会社は生き残っていなかったかもしれません。「万年筆」という時代に取り残された製品だけでの生き残りは難しい。そこでマークを変えず、コアアイテムを大切に残しながらも、時計、革小物、バッグ、香水などの派生商品を開発することで、ブランドイメージを損なうことなく、世界的事業拡大が達成できているのです。

　アメリカのように歴史の浅い国に生まれた企業ならば、次々に新規事業を開発しなければ世界市場での生き残りは難しいかもしれません。しかし欧州や日本のように、長い歴史を有する国で生きている会社の場合、安易に伝統を変えてしまうと、根っ子が失われてしまい、せっかく築いてきた付加価値が削がれてしまいかねません。

　暖簾に刻まれたロゴマーク、つまり家紋を頑なに守り、使い続けることでこそ、伝統が守られ、世界的に認められていく例もあります。

　もしみなさんの会社が10年以上続いているのなら、すでに顧客の間に浸透しているイメージがあるはずです。それは会社にとって立派な付加価値です。そのイメージを大切に守りながら、次の事業をつなげていくことこそが、会社をより発展に導くのではないでしょうか。

42

Sori Yanagi's Ladle

機能と美しさを
兼ね備えた
特別な「お玉」

柳宗理のレードル

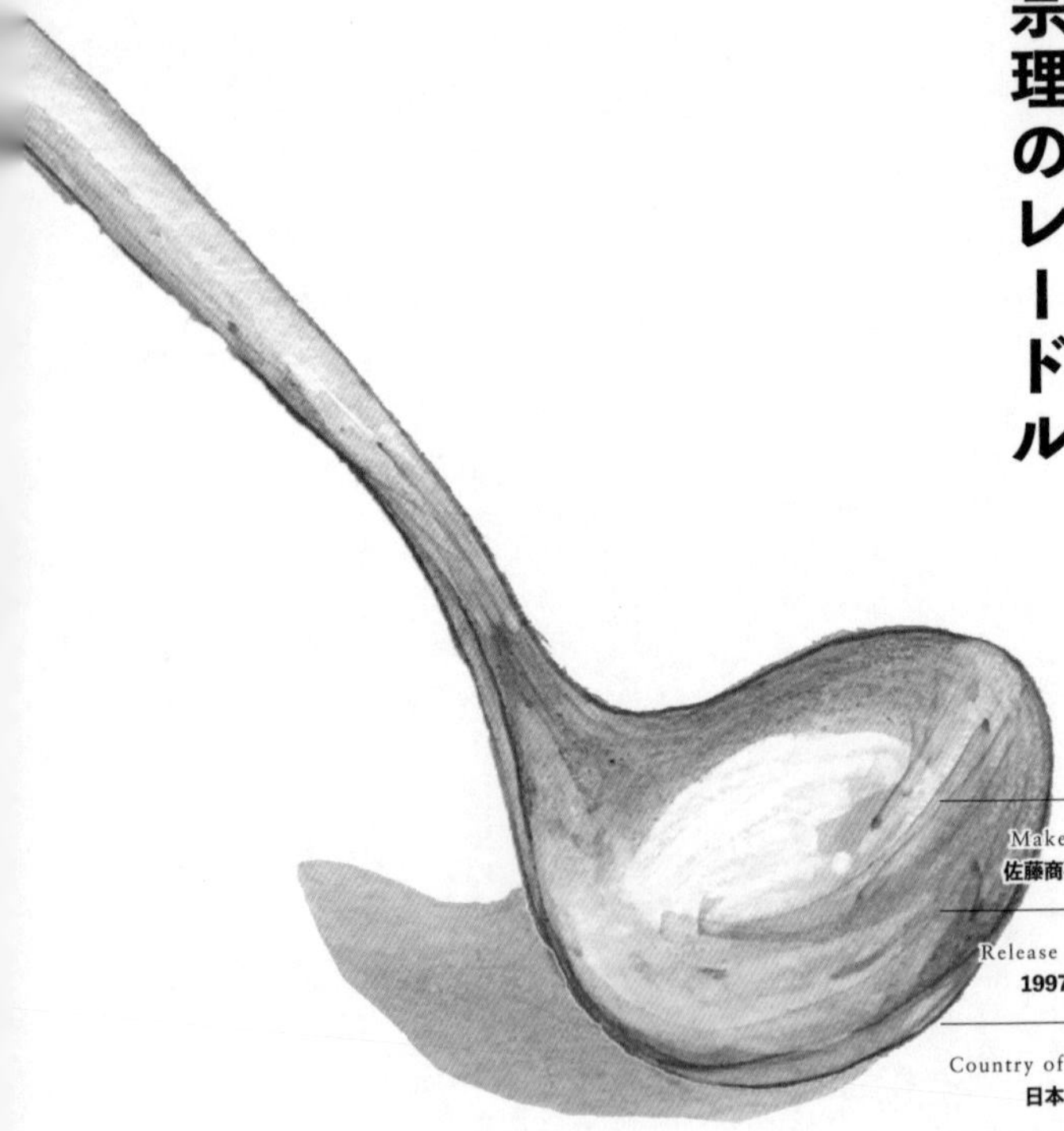

Maker
佐藤商事

Release year
1997

Country of Origin
日本

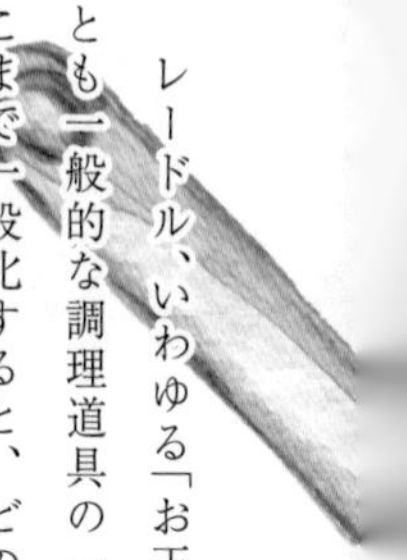

レードル、いわゆる「お玉」は、家庭でもっとも一般的な調理道具の一つでしょう。ここまで一般化すると、どの製品にも大きな差はないように思えますが、柳宗理のレードルは一味違います。

　一般的なレードルの柄は直線ですが、本製品は少しカーブしていて、優美なだけではなく、手にフィットします。また、料理をすくう半球の部分が、真円ではなく、楕円になっているのも特徴です。これにより鍋底の角のカーブとフィットして、すくいやすくなっています。楕円は左右対称で、左右どちらの方向にも容易に注ぐことができます。同様に、柄の角度が浅い点も、すくいやすさへの配慮です。

　そして極め付けは、端から端まで継ぎ目なくつくられたステンレスの一体成型。見た目の美しさはもちろん、汚れが溜まることもなく、手入れがしやすいという利点もあります。

　さらに、柄と半球部分の金属の厚さを場所によって変えてあるのも細やかなこだわりです。柄の部分は丈夫さを維持し、握りやすさを保つために約2ミリメートル。一方、すくうための半球部分はできる限り薄くし、約1ミリメートルとなっています。

　一見似たように見える製品でも、こうした細部に着目すると、その機能性と美しさによって、生活を彩る特別なアイテムになり得ることが想像できます。

COLUMN

ロングセラーのために投資を惜しまない

毎日のように使う道具こそ、デザインが大切です。道具としての機能が最高度に発揮されつつ、見た目が美しいと、使う人を幸せな気分にしてくれるからです。もっとも、日用品ですから、値段が手頃でなければいけません。この「機能」「見た目」「値段」の3つの要素を完全に満たしていれば、成功は間違いないでしょう。必ずリピート購入してもらえる商品になるはずです。

日本が生んだプロダクトデザイナー、柳宗理氏は、日本のインダストリアルデザインの父と言っても過言ではありません。彼の代表作は「バタフライスツール」と呼ばれる、羽を広げた蝶のような形のユニークなデザインの木製スツールです。これはニューヨーク近代美術館やメトロポリタン美術館、さらにパリのルーブル美術館にまで展示された、世界的評価の高い大傑作と言えます。

彼は、鍋や包丁、ケトルやボールなどの調理器具をはじめ、スプーンやフォーク、ナイフなどのカトラリーに至るまで、キッチンを彩る様々な製品をデザインしました。中でもステンレスカトラリーは、佐藤商事が柳宗理氏にデザインを依頼し、1974年に発売を開始して以来、未だに人気の絶えないロングセラーです。

デザインを変更せずに45年以上も販売され続け、さらにこの先も販売を継続できるとすると、メーカーに積年でどれほどの利益をもたらしているかは想像に難くありません。レードル同様、一見単純な道具こそ、デザイナーの才能が最も発揮されるのではないかと感じています。そして、優秀なデザイナーの手によると、企業経営に多大な貢献をしてくれるのです。

日用品を始めとするコモディティーグッズは、数多くのライバル製品が市場に溢れ、激烈な競争にさらされています。そんなレッドオーシャンで勝ち残っていくためには、デザインと企画に徹底的にこだわって「いかに長く販売し続けられるか」を考えなければ、結果的に損をしてしまうのです。

最近では、労働生産性のアップが官民からクローズアップされていますが、初期の段階でデザインと開発に時間をかけることは、一見それに逆行しているようにも思えます。しかし、実際にこれほど効果的な投資はありません。一時的に生産性を下げたとしても、収穫期を超長期間に渡って伸ばすことができるので、長い目で見れば生産性が大幅にアップする結果を生むのです。

柳宗理のレードルは、まさに本書で訴えたい「デザインの重要性」を体現した製品だと言えるでしょう。

43

Laguiole Knife

村の名前を冠した
世界中で愛される
テーブルウェア

ラギオール

Release year
1993

Country of Origin
フランス

高級なフレンチレストランでは、特徴的な装飾が施された肉切用のナイフやフォークがテーブルを彩っていることが少なくありません。これらは「ラギオール」と呼ばれ、「ラヨール」とも発音されます。世界中で愛され、プロの信頼も厚い優れたテーブルウェアです。

本製品のヒットをきっかけに、その後「ラギオール」という名前を冠した類似品が他社からも数多く販売されるようになりました。実はこの「ラギオール」は、フランスの小さな村の名前。そのため、登録商標には当たらないのです。

ラギオール村はフランス南部の僻地にあります。そのため、当時は自給自足の生活を余儀なくされ、村の産業として刃物の生産が始まったそうです。当地の羊飼いたちが使っていたナイフが起源であり、世界最古のアウトドアナイフと言われています。

今から５００年以上も前、数十人の職人たちが村を出て、オーヴェルニュ地方のティエールに移り住み起業したことで、当地はフランス屈指の刃物の産地へと成長しました。しかし故郷に誇りを持ち続けていた彼らは、自分たちの製品に故郷の名を冠したブランド名を付けたのです。

ネーミングには、その商品に込められた魂が宿っています。ぜひ、多くの消費者に愛されるような名前を考えてみてください。

COLUMN

地域性を取り入れてブランディングを図る

日本では地域ブランドの振興が盛んですが、地域名をそのままブランドにしてしまう製品やサービスはほとんどありません。

特定の地域で産出する農産物を所謂「地理的表示法」で保護している特産品は多くあります。代表例としては、「夕張メロン」「あおもりカシス」「加賀丸いも」「神戸ビーフ」「鳥取砂丘らっきょう」「宮崎牛」など34道府県の58産品が登録を認められています。

また「魚沼産コシヒカリ」「富士山麓のおいしい天然水」のように、地域名に製品を説明する言葉を足して一つのブランドにしたり、「今治タオル」「なると金時」のように、その地域の組合が、産出される製品全体をブランディングしている例は数多く見受けられます。

しかし、いずれもブランド名にしているわけではありません。日本では「東京」や「沖縄」といった広域の地域名を商標登録することは、原則できないのです。それを認めてしまうと、同業他社が困ってしまうからです。

しかし、もっと狭い地域なら登録できる可能性はあります。たとえば村や町などです。これができれば、地方のブランディングに弾みがつくのではないでしょうか。

「ラギオール」同様、商標登録できなくても、村名や町名をブランドに取り入れることには大きな意味があると考えています。認知のしやすさだけでなく、消費者に強いメッセージ性を訴えかけることができるからです。

そして、その土地の特徴を上手にデザインに落とし込むことで、そのブランドはより強力になります。もし特徴が打ち出し難いのなら、シンプルに土地の歴史や風土を図案化してみましょう。会社の所在地や、経営者の出身地に由来のある景色、人、活動、仕事など、活用できそうな要素は沢山あります。

地域性を上手く取り込むことができれば、ブランドが生き残る可能性は上がります。消費者はもちろん、何よりもそのブランドに携わる人たちが愛着を持って、大切にしてくれやすいからです。これは、付け焼き刃でつくり上げたブランドでは、なかなか難しいことでしょう。

関わる人たちの心こそビジネスの成長にとって最も大切なのです。まずは内部でコンセプトや価値観を共有する。これを「インナーブランディング」と呼びます。作り手や売り手が商品やブランドの価値を理解できていなければ、外部に伝えていくことは難しいでしょう。こうしたインナーブランディングを円滑に進めるためにも、地域と紐づけたネーミングやデザインは非常に有効です。

44

Levi's Jeans

労働者のために
誕生した
完成されたズボン

リーバイスジーンズ

Maker
リーバイ・ストラウス

Release year
1853

Country of Origin
日本

ジーンズは、一見どれも同じように見えます。歴史的にも、そのデザインは大きく変わっていません。それは、始めからデザインが完成されていたからでしょう。発売したのは1853年に創業したリーバイ・ストラウス。「リーバイスのジーンズ」といえば、今でも馴染みがありますよね。

同社は、金鉱で働く労働者たちのニーズに応えるため、船の帆に使われていたキャンパス地を使って、丈夫で長持ちするワークパンツをつくりました。虫除けや蛇除け効果がある、と信じられていたことから、生地をインディゴで染めたといわれています。また、作業着として機能を発揮するために5つのポケットをつけたことも大きな特徴です。5つ目の小さなポケットは、前の右ポケットの内側についていますが、これは、懐中時計を入れるためのものだったといわれています。当時の労働者にとって、高価な懐中時計はなかなか手に入るものではありませんでしたが、「将来成功した暁には、俺も懐中時計を買うぞ」と心に灯火を燃やしながら作業に勤しんだ姿が目に浮かびます。

当時、ゴールドラッシュに沸いていたサンフランシスコでは、この機能的でスタイリッシュなズボンが流行し、その後、世界中にも普及していきました。完成されたデザインが、新たなスタンダードを生み出したのです。

COLUMN

コストをかけない割り切ったデザイン

アパレル業界では、シャツやジャケットなどを「トップス」呼び、パンツやスカートなどを「ボトムス」と呼びます。リーバイスのジーンズはそんなボトムスの代表的存在です。

先述の労働者階級に属するとされる人たちもボトムと呼ばれることがあります。リーバイスは彼らが育てたブランドです。そのため、顧客を選ばず、裾野が広いのが特徴です。現在の日本では、ユニクロやしまむらなどがこれに当たるでしょう。数の上では圧倒的な多数派であり、彼らを味方につけておけば、大きな市場を獲得できます。

一般市民に支持されるには、「ニーズを解決する」というコンセプトに寄り添ってデザインされていることが不可欠です。たとえば、着心地は大切ですが、値段が高ければ売れません。そこで品質は維持しながらも、同じモデルを大量に生産することで、ぐっと安く販売する。あるいは「お洒落なアイテムを買いたいけれど、わざわざクリーニングに出すのは面倒」という要望を満たすために、全て洗濯機で洗えるようにする……。などが考えられます。

他にも、ワイシャツやブラウスのように仕事で着る洋服はちゃんと形づくられたデザインであるべきですが、それでもアイロンをかけるのは手間がかかります。そんな人に向けて、ノーアイロンで着られるブラウスやワイシャツを売り出している企業もあります。また、すでに持っているどの服とも合わせられるように、汎用性の高い「でしゃばらないデザイン」の需要もあるでしょう。

では、これらのような製品は資本力のある大企業でなければ実現できないのでしょうか。私は、全くそうは考えていません。数人で経営している会社でも、何か一点だけお客さんに訴えかけるコンセプトを持っていれば十分に可能です。要は「割り切る」こと。そのためには、多くを我慢して、ある一点だけにこだわることです。

たとえばデザインを直線的にして超シンプルにすることで、型紙はとても簡単になります。すると裁断や縫製代も大きく削減できます。浮いたコストで、染色に力を入れたり、ボタンなどの装飾品にこだわったりするのも一つの手です。

大切なのは、ハイブランドにならないこと。庶民が育てているブランドは、常に庶民の声を聞き、それに応えていく製品開発を忘れてはいけません。そのために、店舗やウェブで「お客さまの声」のアンケートを実施したり、販売スタッフの会話などから現場の声を吸い上げて、デザインに反映していくことが大切ではないでしょうか。

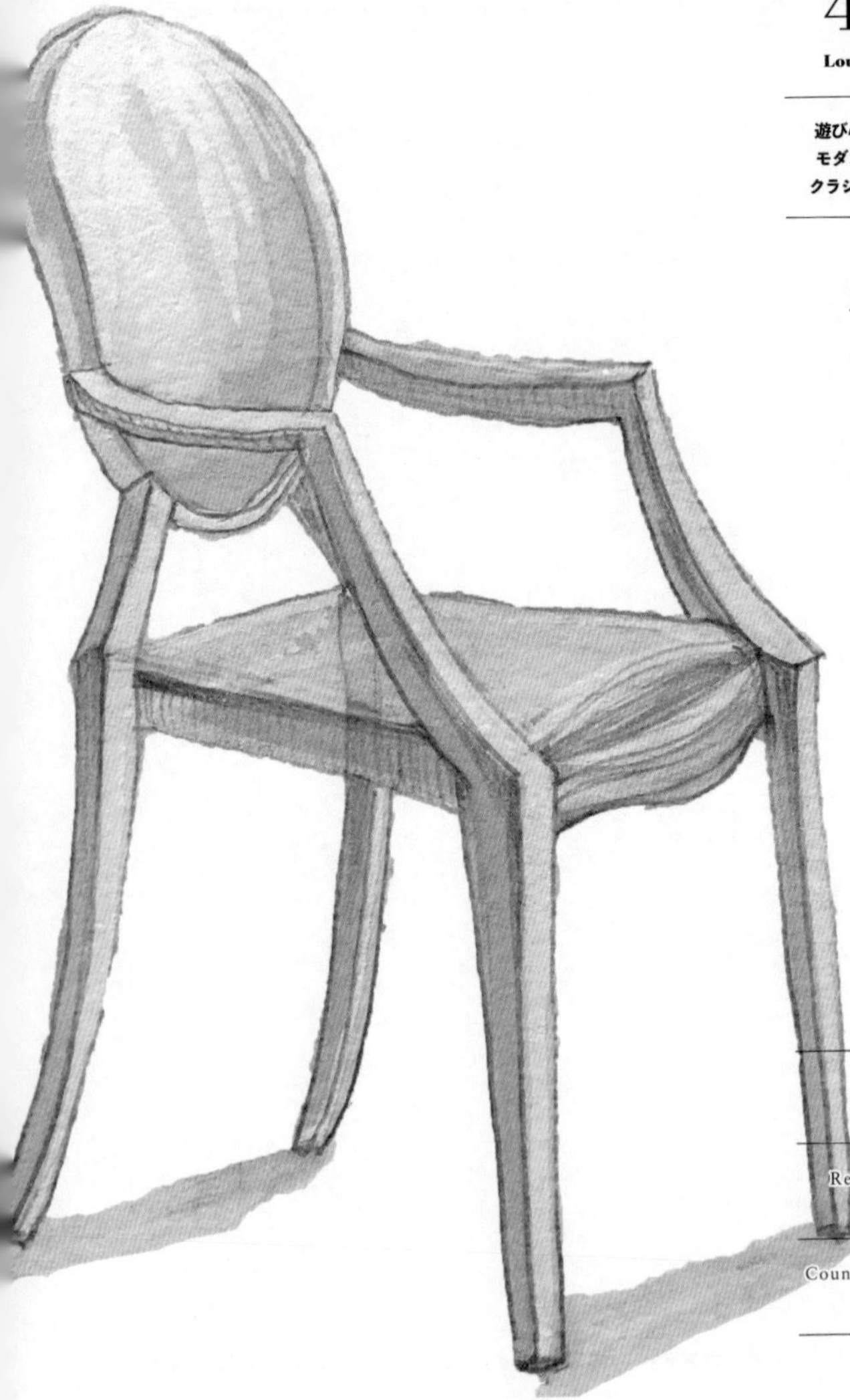

45

Louis Ghost

遊び心にあふれ
モダンに蘇った
クラシックチェア

ルイ・ゴースト

Maker
カルテル

Release year
2002

Country of Origin
イタリア

ヒットするデザインに欠かせない要素は何だと思いますか？　たとえば「美しさ」や「実用性」などが挙げられるでしょう。これらは確かにデザインの基本として必要かもしれません。しかし、そこに少しのユーモアが加わったときこそ、そのデザインに強い個性と生命力が宿るのです。

ルイ15世が座っていた椅子をモチーフにした「ルイ・ゴースト」。それを家具に使われることは極めて珍しいポリカーボネート樹脂、つまりプラスチックの一種でつくってしまいました。背もたれからアームム、4本の脚に至るまで、全てが透明という、遊び心にあふれたデザインです。名前の通り、バロック時代から幽霊が現れたような演出がなされています。

儚げな見た目とは裏腹に、実用性に優れた点も特徴です。コンフェランスや商業施設で大量に使われることを想定して、衝撃や傷に強く、6脚まで重ねられるのです。また、耐久性やデザインだけでなく、座り心地にも定評があります。

本製品の魅力を一言で表せば、ユーモアのセンスでしょう。クラシックなスタイルを踏襲するだけでなく、そこにユーモアを加えることで、モダンなデザインとして蘇らせたのです。同社は他にもたくさん魅力的な製品を製造していますが、2002年に発売された本製品が同社の世界戦略に果たした役割は計り知れません。

COLUMN

デザインに対する「投資」を恐れない

日本で一般的に椅子に求められる要素といえば、一に座り心地、二に耐久性、そしてデザインが続きます。なにしろ人が何万回も座ったり、立ったり、移動したり、時には乱暴に床に置いたりするのですから。家庭用ならまだいいですが、レストラン、ホテル、会議室など商業目的の場合、椅子に求められる耐久性はさらに何倍にもなります。

ところが、薄いポリカーボネート樹脂を成形してつくられたカルテル社の椅子は、いかにも華奢に見えます。実際に持ってみると、どれも軽量。何よりデザインを重視しているのです。その証拠に、同社の製品の多くは、「ルイ・ゴースト」を手がけたフィリップ・スタルク氏を始め、Newsweek誌日本語版による「世界が尊敬する日本人100人」に選ばれた吉岡徳仁氏、佐藤オオキ氏など、数々の有名デザイナーが携わっています。

カルテル社は1949年にジュリオ・カステッリによってミラノで創業され、最初は自動車の部品などを製作していました。1963年からはプラスチック成形の技術を生かした家具作りに集中していくようになります。最初の直営店は1998年にニューヨークに誕生。その後、アメリカで次々と店舗網を拡大します。現在では世界中の２５００を超える店舗に加え、ｅコマースでも販売されているグローバルカンパニーに成長しています。

カルテル社は、デザインこそ価値を生む、と確信して発展してきた会社です。自由自在にデザインを生かすためには、プラスチック素材はうってつけだったのです。

カルテル社からは「経営の根幹にデザインがある」ということが学べます。たとえギャラが高かろうが、力のあるデザイナーにデザインを委嘱します。かけた費用を十分に回収できると確信しているからこその判断でしょう。

スプリングの上にウレタンクッションが置かれ、生地や革でカバーされている椅子に比べたら、プラスチック製の椅子の座り心地は、当然硬いです。しかし、見ているだけで楽しくなる。それが部屋中に置いてあり、光が当たっていたら、その屈折と反射で、夢のような世界が展開されます。

たとえ著名なデザイナーに高い報酬を払っても、デザインでブランドが確立できれば、知名度や需要が高まり、営業経費や販促経費は大幅に削減できます。ですから、デザインに思い切って投資ができるのです。

安いだけでは売れない時代。消費者の「欲しい」を喚起するために、デザインへの投資を恐れないでください。

46

Loose Leaf

ネーミングも
デザインの一部
世界的な文房具

ルーズリーフ

Release year
1854

Country of Origin
日本

「ルーズリーフ」に触れたことのない人は、ほとんどいないのではないでしょうか。穴が開いた用紙がリングで綴じられていて、自由にページを加えたり外したりできることから、学校やオフィスで幅広く使われています。もちろん、日本だけでなく、世界中でポピュラーな文房具の一つです。

ルーズリーフが発明されたのは1854年と言われています。「loose（自由な）」「leaf（葉）」というネーミングは、なんとも詩的ですね。本書ではデザインを扱っていますが、優れたネーミングも製品を長く売っていくための、大切なブランディングの要素と言えるでしょう。

コンピューターによるデータの管理が当たり前になった現代でも、ルーズリーフの存在価値は下がっていません。その背景には、情報の整理やアップデートのしやすさという機能だけではなく、ルーズリーフという素敵な名前が大きく寄与しているのではないかと考えています。詩的でキャッチーなネーミングは、人々の心に残りやすいのです。

他にも、ホッチキスやガムテープ、シャープペンシルなど、和製英語や造語の方が真似をされにくくブランディング上優位になることがあります。デザインや機能で差別化が難しい場合、ネーミングに徹底的にこだわってみてはいかがでしょうか。

起業のヒントは「問題解決型」

現在の日本は、決して起業し難い環境でないにもかかわらず、起業する人の割合は欧米諸国の半分以下と非常に低い数字です。実際2012年以降、起業を促すような政策も政府主導で行われていますし、「創業助成事業」「JAPANブランド育成支援事業」など様々な補助金や助成金にも予算が充てられています。

では、その原因はどこにあるのでしょうか。「日本の起業意識と起業活動」と題して、武蔵大学副学長の高橋徳行氏が2019年4月の日本経済新聞に寄稿したコラムでは、次のようなデータが明かされています。

「2001年から2017年に、成人100人あたり何人起業したかの調査によると、アメリカが11・4人、中国が14・9人に対して、日本ではわずか3・7人」。また、「起業を意識している人の割合は、アメリカの54・9%、中国の35・3%に対して、日本では12・5%」。ところが、「すでに起業を意識している人が起業する割合は、日本が20・1%でアメリカの17・7%を上回っている」とされています。

つまり、そもそも日本では、成人で起業を意識する人の割合が非常に低いことが起業率の低さに直結しているのです。

一方、起業を意識した人は、高い確率で起業しています。繰り返しますが、起業する環境が先進国の中で劣っているわけではないのです。

これまでの日本は「大企業に就職すれば一生安泰」という考え方が一般的でした。しかし、今やそんな「寄らば大樹の陰」だった時代は変わりつつあります。働き方がが多様化する中で、生き残っていくための手段は、自分自身で考えなければなりません。起業も、その選択肢の一つです。

起業の例として「問題解決型」のビジネスが考えられます。普遍的なデザインやアイデアを生かし、人のために役に立つ仕組みをつくるのです。これが実現すれば、結果的に長期間に渡って利益を出すことにつながるはずです。

デジタル全盛の時代になっても、アナログなルーズリーフは重宝されています。それは、これまで不便だった部分を解決する、まさに「問題解決型」のアイデアだったことが大きいでしょう。

みなさんも、図らずも逆境に遭遇したとき、あるいは問題にぶち当たったとき、それが大きなヒントになるかもしれないと考えてみてください。同じように悩んでいる人が世の中にいれば、ビジネスにつながる可能性があります。そして、そのアイデアを企業に売り込むのではなく、自ら起業するという手段も視野に入れてみてください。

47

LEGO

ユーザーが自由に
デザインできる
逆転の発想の玩具

レゴブロック

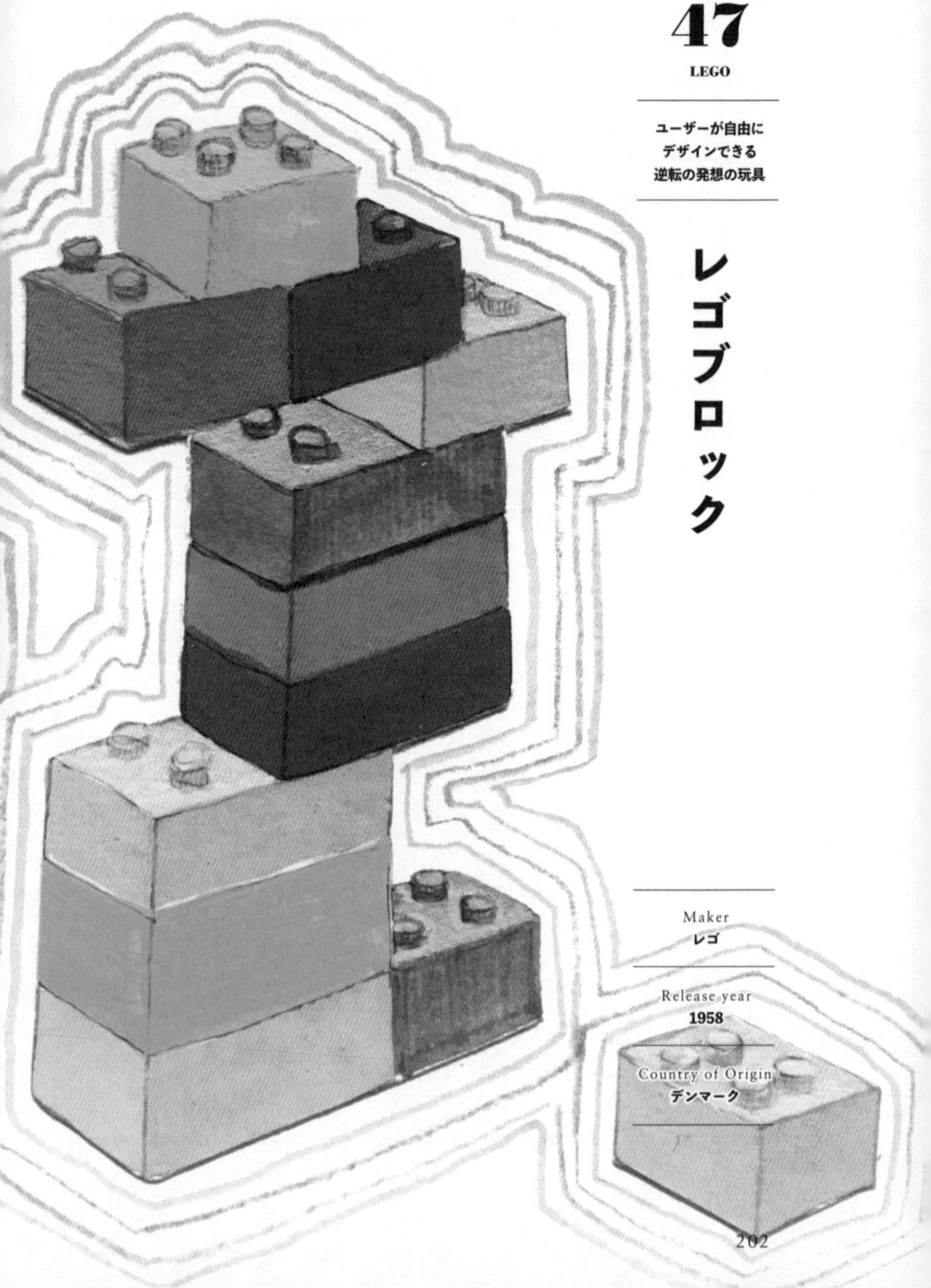

Maker
レゴ

Release year
1958

Country of Origin
デンマーク

子供の頃、多くの方が一度は「レゴブロック」で遊んだことがあるのではないでしょうか。レゴブロックは、至ってシンプルな玩具ですが、ユーザーが自由自在にデザインできる、という逆転の発想を持った製品なのです。

小さなブロックの片側には円筒形の突起が並んでおり、もう片側にはそれを受ける穴が開いている、極めて単純な構造の玩具です。ブロックには様々な色が用意されており、それぞれを組み合わせることで自由な造形をつくることができます。取扱説明書が一切必要なく、年齢や性別、国籍や言語を問わずに誰でも楽しめるのも、レゴブロックの大きな魅力でしょう。そのうえ電気を一切使わないため、開発途上地でも、寒冷地でも、熱帯でも、環境を問わずに遊ぶことができるのです。作った造形はバラバラに分解すれば、また一から全く別の造形をつくることができます。飽きずに何度でも遊べるのはもちろん、非常に経済的でもあります。

製品の開発においては、新たな工夫や装飾を考えるあまり、どうしてもプラスの発想になりがちです。しかし、余計な要素を全て取り払って、遊び方そのものを消費者に委ねてしまうというのは、まさにマイナスの発想。アイデアに行き詰まったときは、思い切って正反対に舵を切ってみるのも一つの手かもしれません。

なぜレゴ社の利益率は高いのか

「どうすれば利益率を上げることができるのか」。多くの経営者が直面する悩みではないかと思います。経営的見地からレゴブロックを見てみると、そこに大きなヒントがあることがわかります。

まず、レゴブロックには時代やシリーズを超越して共通する「互換性」という大きな特徴があります。例えば5歳の子供が1歳の頃に遊んだ低年齢向けの「デュプロシリーズ」を「クラシックシリーズ」に混ぜて遊ぶことができるのです。このようにユーザーの年齢に合わせて対応できるため、他の積み木や流行玩具のように、利用者の成長とともに飽きられ、捨てられてしまう、ということがありません。環境にも配慮しているといえます。兄弟姉妹、友達同士で長年に渡って遊ぶことができますから、経済的に余裕のない家庭にとっても、購入動機の大きな助けになります。

超シンプルなデザインで、ユーザーに組み立ててもらう、つまり「デザインしてもらう」ためには、一つ一つの製品の精度を極端に高くしなければ、すぐにユーザーからクレームを受けることになってしまいます。ユーザーがもし大型の造形物をつくった場合、結合が緩ければ途中で崩壊し、怪我をする可能性も考えられるからです。一方で、結合が硬過ぎれば、子どもの力でばらばらのピースに戻せなくなってしまいます。

そこで年間200億個製造されている製品に欠陥が起こらないように、製造誤差の許容範囲は0・002ミリメートル以内と定められているそうです。にも関わらず、同社ならではの技術と、徹底した品質管理の結果、レゴ社では、品質基準に達しない、いわゆる不良品は100万個中18個程度と報告されていきます。さらに出荷前検品を行うため、ユーザーに不良品が渡る可能性は限りなくゼロに近づくのです。

レゴ社は未だに非上場ですが、業績を公表しています。同社の公開しているアニュアルレポートによると、2018年度の売上高が日本円で約5895億円、営業利益が約1745億円、純利益は約1308億円と、驚異の数字を上げています。収益率の指標として重要視されているROE（Return on equity）は、通常10%を超えると優良企業と言われますが、同社の場合38・0%と非の打ちどころがありません。

同じデザインの製品をより多く、長く販売すれば利益率が高くなる、という当たり前のことを続けているのが、レゴ社なのです。もちろん、売上を増やすことも必要ですが、もしも思うように利益が伸びない場合、まずは「利益率を上げる」ことを目標にしてみてください。

SIDE STORY

ロゴデザインと日本の「家紋」

会社やブランドのイメージにとって重要な「ロゴデザイン」。中でも数字やアルファベットなどを組み合わせた「モノグラム」は、日本の「家紋」と大きな関わりがあることをご存知でしょうか。始まりは世界的ファッションブランドの「ルイ・ヴィトン」でした。

ルイ・ヴィトンはそれまで旅行鞄をつくる工房でしたが、1854年、パリに自社製品を販売するための店を開きました。この12年前、フランスでは幹線鉄道建設法が制定され、政府の後押しで、次々とフランス全土に鉄道網が整備されていきます。世はまさに旅行ブーム勃興期。瞬く間にルイ・ヴィトンは軌道に乗っていきます。

トランクの上から布地を貼る、という技法は優れていて好評でしたが、評判が良くなると、コピー品が出回るようになってきたのが悩みの種でした。ビジネスを引き継いだ二代目のジョルジュ・ヴィトンは、1893年のシカゴ万博で偶然目にした日本の家紋にヒントを得て、父であり創

業者の「ルイ・ヴィトン」のイニシャル「L」と「V」をあしらった布地を開発。これを「モノグラム」と名付けたのです。

モノグラムは、今や世界中のあらゆる場所で使われています。たとえばファッションブランドならココ・シャネルの「CC」やクリスチャン・ディオールの「CD」、スポーツ界では読売ジャイアンツの「YG」、のニューヨーク・ヤンキースの「NY」など、ルイ・ヴィトン以降、世界中でたくさんのモノグラムが登場しました。

ルイ・ヴィトンのモノグラムは、開発から120年以上経った今でも、同ブランドのトレードマークとしてブランディングに大きく貢献しています。まさに「継続は力なり」です。

長く成功している会社は、お客さんに浸透しているトレードマークや柄を何代にも渡って大切に使い続けています。それがお客さんの脳にしっかり定着して、老舗や信頼、品質といった、コーポレートイメージにつながっているからです。

日本でも、その分かりやすい例があります。羊羹で知られる和菓子屋の「虎屋」です。

虎屋の店舗に行くと、のれんの中央に漢字で「虎」と書かれたマークが目に入ります。このロゴの原点は遥か昔、なんと1674年には使われていたことが分かっています。これほどの歴史を有している企業は数少なく、現在の「とらや」のブランドの価値も頷けます。

もちろん、虎屋だけでなく、多くの老舗企業はロゴや商標を最重要資産として大切に扱ってきました。

では、みなさんは自分の家の「家紋」がどんなものか知っていますか? 家紋はいわば眠っている資産です。ぜひ、活用を考えてみてください。家紋は当然、途中で変わることがありません。また、経営に使用した場合、家紋にかけて不正行為などをしづらくなるのが人情ですから、コンプライアンス上も大いに役立つと思います。もちろん創業の理念や経営哲学なども込めやすくなります。親兄弟や、親戚縁者の事前の了解を得ることができれば、費用などをかけずに使用できるのもメリットです。

また、秀逸なロゴデザインの代表例として、スポーツ用品メーカー・ナイキのロゴにも注目してみましょう。これだけシンプルでありながら、これほどクールなロゴは類を見ないと思います。

創業者のフィル・ナイトは、ナイキの前身となるブルーリボンスポーツ社を１９６４年に設立。その後、グラフィックデザインを勉強していたキャロライン・デビッドソンという女子大学生にロゴデザインを依頼したことが始まりです。

このロゴには「スウッシュ」という名前が与えられています。これは、Ｅメールを送る時に発する音のような、躍動感を表す言葉。ロゴのスタイリッシュなイメージはもちろん、若い会社がこれから世界に向かって飛び立つぞ、という精神も感じられます。

ちなみに、キャロラインがデザイン料として請求した金額は35ドル。ナイキの時価総額が後に約10兆円になるとは、夢にも思わなかったでしょう。ロゴがブランドイメージに与える影響は計り知れません。もし彼女がいなかったら、今のナイキはどうなっていたのでしょうか。

さて、経営において、余程のことがない限り安易にやってはならないことがあります。その内の一つが、会社のロゴや、ブランドを表す柄やマークを変更することです。なぜなら、せっかく顧客の脳に定着している企業やブランドのイメージが消えてしまう可能性があるからです。

「余程のこと」とは、たとえば業績が著しく低下してしまったり、企業イメージが失墜するような不祥事が起こったりした後に、心機一転、再出発するような場合です。

ナイキのロゴも、50年にも渡って使い続けているからこそ、世界中で定着しているのです。

「ロゴを変更することで、企業イメージを一新したり、認知度をアップすることができる」と主張する人がいますが、私は企業イメージを活き活きと保つためには、その企業が生み出す製品や提供するサービスこそ重要だと考えています。

その会社で働く人たちは、そのロゴの下に集まり、一緒に会社を盛り立てます。その会社と取引をしている人たちは、ロゴを信用して商売をします。その会社が運営する店で物やサービスを買うお客さんは、暖簾を信じて来店してくれます。つまり、ロゴは経営を委託されている人のものではなく、将来入社してくる社員や、未来に買ってくれる潜在顧客を含めたステークホルダーのものとも言えるのです。

２０１０年、アメリカの大手アパレルメーカーのＧＡＰ

は、新しいロゴを発表したにも関わらず、わずか6日後には旧ロゴに戻してしまいました。この一件は、消費者の脳裏に刻み込まれているロゴを変更することの難しさを浮き彫りにしました。

脳科学では、人間の脳は基本的に忘れるようにセッティングされている、と言われています。覚えてもらうためには、何度も、長期間に渡って目にしてもらうしかありません。そのため、すでに定着しているコーポレートロゴを安易に変更することは、企業の最重要資産を捨てるようなものなのです。新しいロゴを認識して、覚えてもらうまでに、どれくらいの時間とエネルギーが必要になるか、考えれば途方もありません。

企業ロゴを変えることでブランディングができる、とはゆめゆめ考えないようにしてください。それよりも、創業者の熱意や理念を後世にきちっと伝えていくことの方が、企業価値を高めることに繋がるのではないでしょうか。

SECTION 2

デザインと経営

デザインが企業の持続的成長を支える

18世紀、アダム・スミスは『国富論』の中で、「国民が消費できるモノの量」を「豊かさ」だと捉えました。生活必需品が乏しい時代の話です。時は流れ、現代では家や会社の中はモノで一杯になり、**消費自体に喜びを見出し難い時代になりました**。特に若い世代では、「できるだけモノを買わない」「消費しない」という生き方がトレンドにすらなってきています。さらに地球環境問題も最小消費を後押ししています。

ドイツの作家ミヒャエル・エンデは、著書『モモ』の中で、時間泥棒から時間を取り戻す少女の物語を書き、「時間とは生きることそのもの」と語りかけました。現代人が最も必要としているのは、モノよりも時間なのかもしれませんね。個人の可処分時間をどのように有効に使うかが「人生100年時代」の課題のような気がします。

奇しくも2019年「働き方関連法案」が施行され、日本の企業は否応なく、社員のワークライフバランスを厳しく求められるようになりました。このような環境下で、モノをつくり、サービスを売って生計を立てている私たちはどのようにすれば会社を成長させることができるのでしょうか。

私は「デザイン」が会社を成長させる一つの答えだと思っています。

長く、飽きずに使えるモノや、付加価値の高いサービスを販売することを考えてみて欲しいのです。それは高級品や耐久消費財に限った話ではなく、コモディティーグッズや生活必需品に至るまでです。そうすれば、会社はゆったりとしたペースで開発をし、一度開発した製品やサービスを長く売り続けられるため、社員にもゆとりが生まれます。

大企業であれば、マスマーケットを取りにいくため、ある程度流行を反映した、最大公約数的なデザインを考えるかもしれません。しかし、中小企業の場合は、大企業に伍していくために、他者との差別化ができなければ生き残れません。そこで、**個性があるのに、飽きがこなくて長く使える、そんなデザインが消費者の心を掴む**のです。

デザインを考えるコツは、**一つのデザインには、一つのコンセプト、一つのテーマしか入れない**ことです。

たとえばマリメッコ社の「ウニッコ」には花柄しか描かれていません。花があれば、蝶や木、太陽などをあしらいたくなるのが自然ですが、余計なものは一切含まれていないのです。

一つのデザインに複数の要素を入れると、コンセプトが曖昧になり、薄まってしまうため、主張がストレートには伝わりません。換言すれば「あれも、これも」ではなく、要素を「これだけ」に絞り込むのです。

検索エンジン最大手のGoogleも同様です。キーワードを打ち込む欄しか現れないGoogleのトップページは、おそらく世界一シンプルと言っていいのではないでしょうか。他の検索エンジンのトップページと比べてみたら、一目瞭然です。これは、Googleが他社を圧倒している一つの要因だと思います。

検索エンジンにアクセスしようとしている人の多くは、検索だけが目的なのであって、他の表示は余計なものです。もちろんトップページにおける広告収入はありません。それでもユーザーに好感を持ってもらうことがブランディングであると強く認識しているため、同社はトップページの広告収入は捨てているのです。この**捨てる、あるいは削ぎ落とすことが肝心**なのです。

この考え方は、日本人が古くから持っている精神性にも共通している部分があるのではないでしょうか。

フランスでは削ぎ落とした日本のデザインを〝L'Esprit Zen（禅の精神）〟と

呼びます。「侘び寂び」という言葉に代表されるような、過度に装飾しない日本ならではの美意識が大きな魅力に映るのです。

コンビニよりも数の多い15万社以上の神社仏閣や、海外では類を見ない2000年以上も受け継がれてきたとされる皇室。これらは日本という国をイメージさせる大きな存在です。日本人の私たちにとっては身近なため、日常的に意識する機会は少ないかもしれませんが、こうした「伝統」こそが大きな強みであることは間違いありません。**日本文化には、強い個性を発揮し、生き残るためのデザインを考えるヒント**が眠っています。

また、現在では環境問題に対する意識も高まってきました。2015年に採択された「SDGs」や「パリ協定」の中でも環境にまつわる多くの目標が掲げられ、国際的にも企業の取り組みが注目されています。今や、あらゆる企業が環境問題を無視してビジネスを行うことはできません。セブンイレブンやスターバックスがプラスチック製のストローを廃止し、紙製のストローを導入したことも記憶に新しい通りです。**これからは環境問題に取り組んでいる企業の方が絶対的に高い価値を獲得する時代になる**のではないでしょうか。

本書で紹介したデザインは短くても50年間、長ければ軽く１００年を超える歴史を有しています。長く使い続けられるデザインの製品を販売する、という考えは昔の日本企業の多くが持っていました。「ＳＤＧｓ」という言葉も概念もない1世紀も前のデザインが、実は一過性で終わることなく、環境にも非常に優しかったのです。それが高度経済成長からバブル経済に至る過程で、すっかり忘れ去られてしまったのは残念でなりません。やがてバブル経済が崩壊し、我に返った２０００年以降に、日本企業は徐々にその精神を思い出してきました。

長く同じ製品を売り続けるには、いつ見ても飽きない、魅了されるデザインが不可欠です。しかし、買い替え需要が減ってしまうので、企業が十分な利益を得るためには、どうしても販売価格のアップが必要になります。そんなとき、良いデザインであれば、製品やサービスの価格を上げることも適います。

また、企業の持続的成長を強力に後押しするのは、製品やサービスだけではありません。**企業そのもののブランディングも必要**です。その代表的なものが「ロゴデザイン」です。例えばナイキのロゴマーク「スウッシュ」は無駄を削ぎ落として長く使い続けられる理想的なデザインの一つだと思います。

今や企業の価値を計る物差しとして、「財務諸表」以外のいわば情緒的価値は重要性を増すばかりです。ステークホルダーや顧客はもとより、社員の離職率を下げるためにも有効です。また企業の成長を考えたとき、優秀な新しい人材確保のためにも、コーポレートブランディングは大切な役割を果たします。

最後に、ブランディングに重要だと言われている4つのEを掲げます。

〝Experience（体験）〟〝Everyplace（普遍）〟〝Exchange（共有）〟〝Evangelism（伝播）〟

です。
人はまず、見て興味を抱き、触る、使う、訪問するなど、体験を通して判断をします。次に、そのものに普遍的な価値があるかを探ります。長く続いているものには信頼を寄せるものです。もし自分が「良い」と判断したら、友人知人、あるいは不特定多数の人たちとも情報を共有してくれる可能性が高まります。するとその評判は伝播し、自然と広がっていきます。

本書で紹介したデザインの数々は、単に姿形が美しいだけではなく、確固たるポリシーの下にデザインされ、長く、広く使われていて、それが多くの人の間で共有されているから強いのです。これからデザインを考案しようとしている方も、今お持ちのデザインを使ってどうやってビジネスを拡大しようか思案している方も、成功したデザインに通底している考え方を、ぜひとも参考にしてみてください。

労働生産性アップのためにデザインを活用

「はじめに」で、日本企業の時間あたりの労働生産性は、OECD（経済協力開発機構）加盟35カ国の中で21位、主要先進7カ国の中では最下位とお伝えしました。少子高齢化が進行する中で、**ほとんどの企業にとっての喫緊の課題は労働生産性のアップ**であることに、みなさん異存はないでしょう。

では、そもそも労働生産性とは何でしょうか。

それは、分母に「労働投入量」、即ち社員数または労働量を置き、分子に「労働による成果」を置いて求められる値です。つまり、社員数を増やしたり、労働時間を長くしても、それに比例して売上や利益が上がらなければ、労働生産性は下がってしまいます。逆に、同じ社員数や労働時間で、より多くの売上や利益が得られれば、労働生産性はアップしたことになります。労働による結果とは、別の言葉を使えば、企業の付加価値なのです。

経営が苦しくなってしまった場合、企業は社員数を削減したり、賞与をカットする、あるいは非正規社員を雇い止めにするなどの経営施策を取らざるを得なくなってしまいます。

しかし、企業の付加価値をアップし、最終利益を上げることができれば、社員は特別な場合を除いて残業する必要がなくなり、有給休暇もフルに取得でき、企業は業績に見合った賃金を支払うことができるため、結果的に社員も企業も幸せになれるのです。

企業の付加価値をアップさせるために有効な方法の一つが、やはりデザインだと考えています。

本書では、世界で長らく成功してきた製品のデザインを紹介しましたが、もちろん他にも何千、何万という優れたデザインが世界中に存在しています。こうした優れたデザインを持った企業は、当然のことながら強い「稼ぐ力」を有しているのです。

しかし、それが成し遂げられた理由が「はじめに良いデザインありき」と単純には片付けられないのも事実です。名を馳せたデザイナーを見つけてきて、デザインを制作してもらえばＯＫ、とはいかないのです。**そもそも中小企業では、著名デザイナーにデザインを依頼すると報酬が高過ぎて、費用対効果のバランスが崩れ、収支が赤字になってしまうリスクさえあります。**

では、どうしたら良いのでしょうか。そこには三つのコツがあります。

まず、あなたの会社にとって「良いデザイン」とは何か、そのコンセプトや外観などの「素案」をあらかじめ経営者と社員で協議して決めておく必要があります。それは流行りの売れそうなデザインではなく、「こんなデザインがあったらいいのになあ」と思い、世に問うてみたいデザインが理想的です。本書で紹介した数々のデザイナーも、今までになかったデザインを考案してきました。**流行りのデザインは短期間に陳腐化する可能性が高い**ため、十分に注意してください。

言うまでもないことですが、そのデザインコンセプトが「あなたの会社として再現できるか」についても考察しましょう。いくら素敵なデザインができたとしても、絵に描いた餅になってしまっては元も子もありません。たとえば木材の加工技術がない会社で、曲木を多用した製品のデザインを商品に落とし込もうとしても上手くはいきません。

次にチェックして欲しいのは、コンセプトやデザインが、会社の過去や現在の活動と親和性が高いかどうかです。虎屋のコーポレートロゴをローマ字にすることはできませんし、若い人が起業し、30歳以下の顧客を狙って商品やサービスを発売しようとしているのに、デザインがあまりにも重厚ではミスマッチを起こしてしまいます。当たり前のように思えますが、世の中には「あれ?」

と思うようなミスマッチが意外に多く散見されます。

そして最後に、一番大切な点。それは社員が長い間、積極的に愛してくれるデザインかどうかです。買うのはお客さんですが、つくって売るのは社員です。**社員が自社のデザインに深い愛情を抱けなければ、そのデザインは成功することができない**でしょう。

この三つの条件を満たしていないと、どんなに著名なデザイナーがデザインしても、成功する確率は低くなってしまいます。


こうしたプロセスを経て、ようやくデザインが出来上がりました。しかし作業はこれで終わりではありません。

みなさんは「インナーブランディング」という言葉を聞いたことがありますか?　これは、前出した成功するためのプロセスの最後の条件、つまり**社員にデザインを深く愛してもらうための活動**です。

制作したデザインは、どれも会社が提供する製品やサービスにとって最適で、社長を始め、経営陣は自信を持っているはずです。それが会社の理念とも完全に合致していること。そして、過去を下敷きにしながらも、未来のために考案されたデザインであることを、社員全員の腹に落としてもらうようにしましょう。これがインナーブランディングです。

デザインで成功した会社は、デザインが優れていたから成功したのではなく、そのデザインに社員全員が自信と誇りを持って仕事をしてきたからこそ、長年に渡って良い成果を出し続けてきたのだと思います。

インナーブランディングを成就させるためには、口頭で説明するだけではなく、**デザインガイドラインなる「規定集」をつくる**ことをお勧めします。

それは、およそ次のような構成にすると良いでしょう。

前段の部分に、会社の哲学や方針を書きます。次に目指すべきビジョン。ビジョンに到達するために日々何をしなければならないか、という行動規範やミッション（使命）を明確にします。

本文では、過去から現在までに考案され、開発されてきたデザインを時系列的に掲載します。時代とともにデザインの変遷を一覧で見られるようにするのです。変わったこと、変わらないことが一目で分かるようになります。そして新しいデザインがどのような目的で考案されたのか、について説明します。

さらに、形とサイズと色のルールを厳密に規定します。サイズは視認可能な最小サイズから最大サイズまでをミリ単位で明記し、色も赤や青などの曖昧な色名ではなく、DIC、PANTONEなどの色番号や、CMYK、RGBなどの数値で明確に指定してください。

また、コーポレートロゴも含めて、それぞれのデザインの使用対象を明らかにします。どんなものにも使ってよいわけではありません。そのデザインの誤用を示した「禁止事例」も詳細に定めます。

人は、「何でも好きなようにやっていい」と言われると、当惑するものです。行動を起こすのに時間も掛かります。それよりも、**「当社ではこのルールの中だけでデザインを使ってください。このデザインはこのような使い方だけが許されています」と指示をした方が、社員の仕事のスピードや精度は格段に上がる**でしょう。はじめは社員も少し窮屈に感じるかもしれませんが、仕事の効率は日を追う毎に上がっていくはずです。

デザインは会社の旗印になります。大げさに言えば、錦の御旗です。もちろんデザインが優れているに越したことはありません。しかし、本当に重要なのは、統一されたデザインの下に社員全員が同じ言語で話し、同じ方向を向いて仕事をし、会社に誇りを持ち、自社のデザインコンセプトに外れない立ち居振る舞いをすることです。科学的にも、**人はチームで同じ方向を向いて仕事をしているときに、何倍もの力が発揮される**と証明されています。実現できれば、必ず生産効率もアップするはずです。

２０１６年、リオデジャネイロオリンピックの鮮烈な記憶は今でもありありと思い出されます。山縣亮太、飯塚翔太、桐生祥秀、ケンブリッジ飛鳥の４選手は、４００メートルリレー決勝でアメリカやカナダを振り切って、ジャマイカに続いて2着でゴールイン。個人１００メートルでは決勝に駒を進めることができなかったのに、チームワークで見事な成績を収めました。同オリンピックでは、競泳８００メートルリレーや、卓球女子も団体で輝かしい成績を収めました。

彼らはオリンピックスタジアムのセンターポールに、世界一シンプルで力強いデザインの「日章旗」を掲げるために心を一つにして戦った結果、たとえ一人一人がフィジカルでは外国人選手に劣っていたとしても、チーム力で歴史に残る成績を収めることができたのです。

会社においてチームビルディングが成されると、パワーアップするだけでなく、人間関係のトラブルが激減するのも利点です。また、経営の方向性が一点に絞られるので、議論すべき議案が減り、会議時間も大幅に短縮できます。当然、社内稟議の数も減るでしょう。

デザインは、表面的なビジュアルを超えて、心の一体感を醸成するのに大いに役立つのです。

ホームページを立ち上げ、広告宣伝を打ち、広報活動を行う。また、イベントを催し、SNSなどを駆使して自社や自社製品の知名度と認知度を上げ、企業や製品のイメージを顧客の脳に定着してもらう。こうした一連の活動、外に向かってデザインを露出しながらブランディングをする「アウターブランディング」も確かに大切です。しかしその前に、コストをかけずに生産性を上げるための「インナーブランディング」を、ぜひとも実施してください。

デザインに関する知的財産権

ここまでのお話で、デザインがブランディングに直結し、それが企業の長期的で安定的な成長にとっていかに大切な宝物になるか、ということをご理解いただけたのではないでしょうか。ブランディングが果たされれば、値引きをせずに販売できるようになり､会社の利益がアップします。さらに社員のモチベーションアップや、新規採用の際などにも大いに有利になります。

そのような宝物は是非とも守りたいもの。せっかくみなさんが考案した優れたデザインが模倣され、市場に出回り、本来得られるべき利益を模倣品に取られてしまっては元も子もありません。そこで最後に**デザインを法律という鎧で守るにはどうしたらよいか**、について考えてみましょう。

「知的財産権」には、特許権、実用新案権、意匠権、商標権、著作権などがありますが、デザインに直接関係するのは意匠権です。
特許庁のホームページには、意匠制度に関して次のように書かれています。

意匠法第1条には、「この法律は、意匠の保護及び利用を図ることにより、意匠の創作を奨励し、もって産業の発達に寄与することを目的とする」とあります。意匠は、物品のより美しい外観、使ってより使い心地の良い外観を探求するものです。そして、その外観は、一見してだれにでも識別することができます。このため、容易に模倣することができ、不当競争などを招き健全な産業の発展に支障を来きたすこととなります。そこで、意匠制度は、新しく創作した意匠を創作者の財産として保護する一方、その利用も図ることを定めて、これにより意匠の創作を奨励し、産業の発達に寄与しようというものです。

（特許庁「意匠とは」https://www.jpo.go.jp/system/design/gaiyo/seidogaiyo/chizai05.html）

つまり特許法や実用新案法は技術や物の機能に関して保護することが目的ですが、意匠法は美感の面から創作を認識し、保護することを目的としています。ちなみに、意匠権は芸術作品を保護するものではありません。あくまでも工業用のデザインを保護するためのものです。芸術作品は、ご存知の通り、著作権の対象となります。

この意匠法も、デザインに携わってきた私たちからすると、未だに多くの課題が山積しています。

たとえばインテリアデザインを例に取ってみましょう。サービス業にとってインテリアデザインは生命線です。

スターバックスコーヒーに入ったら、誰でも「スタバ」と認識できるはずです。しかし、実はスターバックスコーヒーと極めて似た内装を持ったコーヒーショップは少なくありません。**店舗の内装デザインについては、日本では意匠**

法の適用外なのです。コーヒーチェーンやレストランチェーンの店舗内装が、別の会社なのに似ていることが多々ありますが、これは現在の意匠法の限界を示しています。

もしあなたが店舗を経営している場合、内装デザインは意匠法で保護されません。ただし、ロゴを考案し、そのロゴを商標として登録できれば、少なくとも商標法では保護されます。看板で他店と差別化を図ることができるのです。

それでは、実際にデザインを守るにはどうすればよいのでしょうか。新規性があり、他者と差別できそうなデザインが考案できたら、まずは意匠権を取得することを検討してください。他者が悪意を持って真似をした場合に、法的に排除できる可能性が高まります。

一つ覚えておいていただきたいのは、日本の意匠権は登録から25年で消滅してしまう、ということです。25年間に限って独占的に使うことができますが、

25年を超えた場合は、誰でも全く同じデザインを自由に使うことができるようになります。作者の死後70年間も有効である著作権と比べるとだいぶ短いですね。

たとえばル・コルビュジエがデザインした椅子「LCコレクション」は、今ではカッシーナ以外の会社が自由に製造して販売をしています。本書に登場した多くのデザインは、日本に限って言えば、自由に使うことができます。

これは優れたデザインの工業製品は、できるだけ広く皆でその素晴らしさを享受すべき、という日本の精神の表れです。つまり**25年を経過したデザインの取り扱いについては、その判断はメーカーをはじめとする売る側ではなく、買う消費者の判断に委ねられる**、という意味です。「消費者が同じデザインの、異なるメーカーでつくられた製品の良し悪しを自分で判断して購入してください」という消費者第一主義とも取れる方針に基づいているのです。このあたりは、議論の余地があるかもしれません。

また、もしみなさんが自分のデザインを海外でも保護したいのであれば、対象国でも意匠登録をする必要があります。ただし、**それぞれの国で意匠権の内容が異なる**ため、注意してください。

また日本には、意匠権とは別に「不正競争防止法」という法律があります。これは**意匠権と違い、権利が25年で消滅してしまうことがない**ので、デザインを守る上で、覚えておいて損はないでしょう。

この法律では次のような内容が禁止されています。

・広く知られた商品表示によく似た表示、類似表示を使用した商品を作り、売るなどして、市場において混同をさせる行為（第2条1項1号）

・他人の著名な商品表示を、自己の商品表示として使用する行為。この場合、1号とは異なり、混同が生じなくても違法となる（第2条1項2号）

これは、たとえ意匠権が25年を経て消滅した後でも、既にあるデザインやブランド名（商標）が市場で周知されている場合、消費者がその著名な製品と後から模倣して市場に出された製品を混同したり、誤認したりすることのないように、「模倣したであろう製品」の製造や販売を差し止め請求できる、という法律です。

しかし、相手が悪意を持って模倣品を製造販売しているかどうかの判断ができないときは、まず対象者とじっくり話し合いをすることがなによりも肝要です。誤解や誤認であったら、話し合いで解決策が見つかることもあります。

それでもお互いの意見が食い違い、係争になった場合、裁判になることもあるでしょう。裁判で「著名」と認められた製品のデザインやブランド名（商標）の名声を、模倣したと認識されたデザインが毀損している、と判断された場合は、模倣した側は損害賠償の責を負わされます。

しかしデザインワークをしていると、すでに頭の片隅に記憶されている素晴らしいデザインがインスピレーションを与え、結果的に、過去に成功したデザインに偶然似てしまうことも日常茶飯事です。そのため、もしみなさんが素敵なデザインを考案したら、問題を回避するために、念のために類似のデザインが存在してないかを事前にチェックしてみてください。また知見を持った人にアドバイスを求めるのも良いでしょう。

意匠権というと、大企業を思い浮かべるかもしれませんが、特許庁の統計によると、意匠権を活用している企業の57％が中小企業で、日本でも「規模が小さいからこそ、知的財産権を守ろう」という機運が高まっている証です。

意匠権や不正競争防止法の内容を知った上で、法律を上手に味方につけ、「攻め」と「守り」の経営をしてください。

アップル社の役職では、CDO（最高デザイン責任者）の上には、CEO（最高経営責任者）しか存在しません。つまり、デザインが経営の根幹をなしているのです。

翻って日本企業では、デザインはエンジニアリングと密接に関わり、製造業においては機能のみが重視される傾向が強いです。あるいはアパレル企業によく見られるように、外見の意匠のみに留まっていることも少なくありません。残念ながら多くの経営者はデザインをコストと捉え、営業利益が減少したら真っ先にカットしてしまうのです。持続的成長のために、デザイニングを経営の根幹に取り入れている企業は少数派に留まっています。

また、評論家や大学教授から「日本企業はイノベーション創出パワーが弱い」としばしば指摘されています。

では、日本企業にイノベーションが起こりにくいのはなぜでしょうか。そこには二つの理由があると考えています。

一つは組織の硬直化です。第二次世界大戦後、日本は経済を短期間に復興させるために、欧米先進国の技術や仕組みを真似し、安い人件費でオートメーション化しました。同じ規格品を安く早く大量に生産することで輸出産業が伸び、1969年には当時の西ドイツを抜いて、アメリカに続く世界2位の経済規模まで成長しました。その後日本は2011年に中国に抜かれるまで、なんと42年間に渡ってGDP世界第2位の地位を保ったのです。

戦後短時間に経済規模を拡大し、維持するためには、終身雇用制が最も有利でした。先輩や上司が過去に行ってきたビジネスモデルを踏襲することを善として、ひたすら同じような製品やサービスを提供し続けることで成し得た結果です。

ところが制度疲労を起こし、平成が始まった頃には新しい技術や事業領域に挑戦するのに適していないシステムであることが顕在化してきました。長期的なビジョンの上に立脚した研究開発費も十分投下されずに、稼いだお金は社内留保へ回されてきたのです。

1990年代後半から、日本の全主要生産性は主要国と比較して急速に減衰していきます。イノベーションを起こすために必要な知見や経験を持った人材の育成も不十分だったといえます。

もう一つはスタートアップ企業の不足です。

一般に破壊的なイノベーションは、老舗企業ではなく、スタートアップ企業で起こりやすいものですが、起業数が圧倒的に少ないのが日本の現状です。

中小企業庁の統計によると、諸外国の開業率はフランスの13・2%がトップ。一方の日本は5・6%と低調さが浮き彫りになりました。フランスが突出して高いのは、2009年1月に導入された「個人事業主制度」が大きく影響しているからです。その骨子は「資本金不要」「売上がゼロだった場合の税金免除」

「優遇税制」などと併せて、インターネット上で簡単に起業できるようにしたことが追い風になっています。インターネット上で開業できる制度は、フランスだけではなく、ニュージーランドやカナダ、香港、シンガポールなど多くの国が導入しています。

ちなみに日本は起業のための行政手続きは若干煩雑ですし、株式会社の場合は、「定款認証手数料」5万2000円、「定款印紙代」4万円、「登録免許税」15万円が必要です。これだと、初めて起業する人は二の足を踏むかもしれませんね。

もちろん新たな起業が必要なことは国もよく理解をしており、中小企業庁や地方自治体が、開業の際の資金調達や法律相談などについて、様々な支援策を用意していますので、今後は起業数が上がっていくことを期待したいです。

しかし言わずもがなですが、大切なのは「設立した後に、どうやって利益を出すか」です。

そこで私は、既に会社を経営している方にも、これから起業しようと考えている方にも、「デザイン経営」を強くお勧めしたいのです。特に中堅以下のサイズの会社には向いています。

規模の小さな会社では、研究開発費を投入したり、優秀な人材を採用したりすることは容易ではありません。また組織改革にはそれ相応の時間とエネルギーが掛かってしまいます。

そこでデザインの力を信じ、デザインを経営の根幹に置き、デザインでイノベーションを起こし、デザインで長期間にわたる安定的な成長を実現させるのです。デザインが大きな資産価値を生み、事業投資を呼び込むことで、将来的に、金融機関からの融資も受けられる企業社会の実現を祈るばかりです。

もとより私は経営者であって、デザイナーではありません。こんな私が本書を執筆することを思い立ったのは、世界で活躍する錚々たるデザイナーやクリエイターたちと仕事を通じて知り合い、多くのことを学んだからです。デザインが企業経営にどれほど大きな役割を果たしているかを目の当たりにしたからです。この場をお借りして、諸氏に深く感謝申し上げます。

最後に愛らしく生き生きとしたイラストを描いてくれた画家の彩蘭弥、そして本書のコンセプトに賛同し、私を支援し続けてくれた遊泳舎の望月竜馬氏に心からお礼を述べつつ、筆を置くこととします。

GOOD DESIGN FILE
愛されつづけるデザインの秘密

2020年7月26日　初版第1刷発行

著　高橋克典
絵　彩蘭弥

協力　江崎グリコ株式会社
カシオ計算機株式会社
株式会社 諏訪田製作所
株式会社良品計画
キッコーマン株式会社
佐藤商事株式会社
サントリースピリッツ株式会社
ソニー株式会社
NPO法人企画のたまご屋さん

発行者　中村徹
発行所　株式会社 遊泳舎
（お問い合わせ先）　〒180-0022
東京都武蔵野市境1-11-17　メゾンヤマグチ
TEL / FAX　0422-77-3364
E-mail　info@yueisha.net
URL　http://yueisha.net

印刷・製本　シナノ印刷株式会社

Printed in Japan　ISBN 978-4-909842-05-3 C0070